AF372022

Jesús, Krishna y Buda

*Un camino hacia el despertar
de tu luz interior*

MANUEL FERNÁNDEZ MUÑOZ

Jesús, Krishna y Buda

Un camino hacia el despertar de tu luz interior

ALMUZARA

Editorial Almuzara • Colección Espiritualidad
Editora: Ana Cabello
Corrección: Nieves Porras
Maquetación: Miguel Andréu

www.editorialalmuzara.com
pedidos@almuzaralibros.com. info@almuzaralibros.com

Editorial Almuzara
Parque Logístico de Córdoba. Ctra. Palma del Río, km 4
C/8, Nave L2, n.º 3. 14005. Córdoba

Imprime: Black Print
ISBN: 978-84-10523-12-8
Depósito legal: CO-245-2025
Hecho e impreso en España. *Made and printed in Spain*

*Dedicado con mucho cariño a mi hijo Francisco David,
la luz de mi vida. Dedicado también a mi mujer
Rafi, mi compañera desde siempre. Que Dios ilumine
vuestros corazones como vosotros ilumináis el mío.*

Índice

Cuentan en la India que hace mucho tiempo un misionero cristiano se encontró con un monje budista. El monje, movido por la curiosidad, quiso saber qué predicaba ese tal Jesús de Nazaret, por lo que el misionero decidió recitarle el Sermón de la Montaña. Cuando hubo terminado, el monje, con lágrimas en los ojos, abrazó al misionero y le dijo:

—Oh hermano, esa es la síntesis más perfecta de las palabras de Buda que he oído nunca.

Buda también nació en Belén

«El camino más corto para encontrarse a uno mismo es dar la vuelta al mundo». Ram Dass.

Hace algunos años, mi mujer y yo decidimos viajar hasta Bogotá, donde le habían ofrecido un puesto de trabajo que podría suponer un gran impulso en su carrera profesional. Colombia es un país increíblemente hermoso, con tupidas selvas, lagos de aguas cristalinas y montañas que guardan los secretos de sus antiguos moradores bajo una espesa vegetación casi infranqueable. No obstante, también es un lugar peligroso sobre todo si vienes de Europa y piensas que todo el planeta es una extensión de tu propio barrio y que todas las personas han crecido teniendo las mismas oportunidades que nosotros.

Por la mañana, mientras Rafi iba al colegio donde trabajaba, yo me dedicaba a buscar algún empleo que ayudara a sufragar nuestros gastos. Y no me refiero únicamente al alquiler del apartamento que habíamos arrendado en Bogotá, sino también a la hipoteca que teníamos en España, a los seguros del coche y del hogar, al agua, a la luz, a los impuestos etc. Todo eso procurando además llegar a fin de mes teniendo algo de comer en la nevera.

Poco a poco, y a pesar de nuestros esfuerzos, el dinero que teníamos guardado se fue acabando y el sueldo que ganábamos entre los dos no era suficiente para hacer frente a los costes de la vida en ambos países a la vez, por lo que decidí que, para eliminar algunos gastos, únicamente comería una vez al día. Lo suficiente para no caer desfallecido mientras enseñaba yoga y taichí a los alumnos que había conseguido reunir entre los españoles que nos encontrábamos afincados en la capital de la república colombiana.

Como mi mujer desayunaba y almorzaba en su colegio, concluí que tampoco compartiría con ella esta decisión para no preocuparla más de lo necesario y que pudiera centrarse en lo verdaderamente importante para mí: que disfrutase desarrollando el oficio con el que siempre había soñado.

Después de acabar de impartir mis clases, me dirigía a un amplio parque llamado «el Country», situado en Usaquén, la zona norte de Bogotá, donde tenía por costumbre buscar la sombra de alguno de los árboles que poblaban el lugar, sentarme con las piernas cruzadas, cerrar los ojos y acompasar mi respiración para entrar en una meditación profunda en la que podía estar varias horas.

Aunque tanto mi peso como mi masa muscular fueron descendiendo notablemente, gracias a la meditación, mi mente se encontraba cada vez más fresca y despierta, y mi estado de ánimo era tan alegre que ninguno de mis conocidos y familiares pudieron imaginar ni por un segundo las privaciones que estaba soportando.

Cierto día, casi sin proponérmelo, justo después de encender la mirada interior bajo el árbol que cada mañana soportaba el peso de mi espalda mientras meditaba, me vi sumergido en un profundo éxtasis donde paulatinamente comencé a percibir el perfume de todas y cada una de las flores que crecían a mi alrededor, de la hierba recién cortada del campo de fútbol donde algunos muchachos disputaban un partidillo, así como de la tierra mojada que se acertaba bajo mis pies.

Atónito por la intensidad de lo que estaba viviendo, quise abrir los párpados y me descubrí a mí mismo mirando de otra manera… tal vez con otros ojos. Puede que por primera vez estuviera disfrutando de todos los colores que me rodeaban y que además me pareció que brillaban con más fuerza que nunca. Vi la luna, que todavía no se había acostado, y al otro lado el sol, que coqueteaba con ella como dos enamorados jugando al escondite. Escuché los ruidos de los niños correteando delante y detrás de mí, el trinar de los pájaros que construían sus nidos en los árboles e incluso sentí cómo la brisa fresca de la mañana me acariciaba el rostro. ¡Había tanta belleza y tanta vida en este mundo!

Cuando volví a cerrar los párpados, me vi sumergido en una sensación de plenitud tan profunda que no pude evitar que de mis ojos se escapasen las siempre entrometidas lágrimas. Por unos instantes sentí que todo era perfecto y que podía fundirme con aquella perfección de la cual también formaba parte. Justo en ese momento mi mente se vació por completo y fui totalmente consciente del instante, de la belleza, de la vida y de mí mismo.

En aquel profundo y silencioso rincón de mi alma descubrí que no había nada más en mi corazón que felicidad, paz y mucho amor. Comprendí que, antes de aquella experiencia, no sabía lo que era la paz ni la felicidad porque, aunque había vivido «momentos felices» junto a mis seres queridos, nada era comparable con aquella sensación que acababa de descubrir. Evidentemente no había llegado a la iluminación, pero algo en mí se había iluminado.

Aquella experiencia fue un despertar no solo a la plenitud de la conciencia, sino también a la gratitud que cada uno tenemos en nuestro interior. Fue un despertar a la compasión. Un despertar al amor. Un despertar a la paciencia. Un despertar a la virtud. Un despertar a la honradez. Un despertar a la no violencia, a la devoción y a todo lo increíblemente bueno que el ser humano puede llegar a ser.

Durante el tiempo que duró aquel estado, seguía teniendo los mismos problemas que antes. No tenía dinero para llegar a fin de mes, lo que comía apenas era suficiente para mantenerme en pie y además teníamos que pasar desapercibidos para que nadie pensara que, por ser españoles, tendríamos mucho dinero y quisiera extorsionarnos, robarnos o algo mucho peor. No obstante, todas esas preocupaciones no me impidieron experimentar aquella intensa sensación de plenitud. Por tanto, si durante mi sesión de meditación, lo de fuera seguía igual, necesariamente tuvo que ser mi mente la que había cambiado.

No sé cuánto tiempo más estuve sumergido en aquella experiencia, pero lo que sí sé es que, cuando desperté, ya no era el mismo que momentos antes se había sentado a la sombra de un viejo árbol en un parque de Usaquén. Aunque había cursado estudios de budismo con grandes monjes y lamas a través de la Fundación para la Preservación de la Tradición Mahayana en España, asistido a retiros de Vipassana con el afamado maestro Goenka, e incluso había tenido algún que otro acercamiento al zen con el Roshi Dokusho Villalba, en mi mente únicamente tenía dudas y preguntas acerca del dharma. Sin embargo, cuando me levanté, muchas de aquellas dudas se habían disipado y muchas de aquellas preguntas habían obtenido respuesta.

La felicidad real no era algo en lo que tenía que creer porque me lo hubieran dicho mis maestros de meditación, ni porque se refirieran a ella los grandes sabios de la India, ni tampoco porque los más respetados lamas y gurús prometieran a sus alumnos que, con solo un poco de práctica diaria, podrían alcanzar a ver el fulgor de su propio corazón. La felicidad era real porque, aunque solo fuera por unos instantes, yo mismo la había contemplado.

Ahora, cada vez que me sentaba a meditar, sabía bien qué es lo que tenía que buscar y dónde se encontraba el tesoro de los tesoros. Y, cuando llegaba de nuevo allí, una sonrisa surgía espontáneamente en mi rostro. Una enigmática mueca que revelaba una sabiduría interior que el resto de personas únicamente habían leído o escuchado a los grandes rishis. Y es que hay gente que se acerca a los templos y hace ofrendas de luz. ¡Y eso está bien! Pero también hay quienes aprenden a meditar, cantan mantras, se convierten en luz y se ofrecen a sí mismos para iluminar el camino de los demás. ¡Y eso está mucho mejor!

Una vela no pierde su luz por prender a otra vela, sino todo lo contrario. Mediante la meditación, descubrí que somos luz, que venimos de la luz y que vamos hacia la luz.

«Despierta, tú que duermes, y te alumbrará Cristo». Efesios 5:14.

Durante las semanas siguientes decidí intensificar aún más mi práctica y poco a poco fui dándole cada vez más importancia a las pequeñas cosas que antes me habían pasado desapercibidas o que sencillamente había ignorado. Como si fuera un niño descubriendo el mundo por primera vez, intentaba disfrutar al máximo el sabor de cualquier refresco, conseguía entusiasmarme con la belleza del cielo nocturno, cargado de estrellas, e incluso me emocionaba al ver a dos enamorados caminando cogidos de la mano. Pero lo que más me gustaba era deleitarme con el aroma del café recién molido que, por las mañanas, inundaba casi por completo las calles de la capital colombiana.

Por alguna razón que no puedo explicar, comencé a sentir especial atracción por los alimentos de colores más intensos, ya que me aportaban una mayor carga de energía que los productos procesados. Empecé a rechazar incluso la poca carne que podía comprar en favor de las legumbres, hortalizas y frutas frescas que abundaban en los mercados y puestos callejeros de la ciudad. Ofreciendo mi hambre y mi escasez como expiación de mi karma negativo, podía avanzar más rápidamente en mi práctica espiritual.

Para chinchar a mi ego, de vez en cuando solía entrar en los grandes centros comerciales y me complacía viendo todas las cosas que la gente compraba, y que yo no necesitaba ni quería. Descubrí una forma de vivir en el Samsara sin que el Samsara viviera en mí.

Sin embargo, cuando la carne fue desapareciendo de mis mejillas y casi podía tocarme la columna vertebral desde el ombligo, Rafi no consintió en seguir creyendo que mi extrema delgadez se debiera única y exclusivamente a mi auto-mortificación para alcanzar un estado espiritual más elevado, por lo que acabó descubriendo la realidad de nuestra precaria situación económica.

Después de discutirlo durante días, y a pesar de que yo ya me había acomodado a esta nueva vida, y hasta disfrutaba de ella, decidimos que pondríamos a la venta nuestro piso en España. Y, como parece ser que el Universo tiene un curioso sentido del humor, en menos de un mes ya teníamos un comprador y algunas semanas más tarde pudimos sanear nuestras deudas y volver a contar con un amplio colchón en nuestra cuenta de ahorros, lo que no fue óbice para que yo siguiera con mi dieta vegetariana con la ventaja de que ahora podía darles algunas monedas a los mendigos que me las solicitaban y antes no.

Llamada a los vivos

Al regresar a España, un intenso deseo de visitar la India se instaló en mi corazón, así que hice las maletas y en menos de siete horas aterricé en el aeropuerto de Delhi. Con permiso de Sarnat y Bodhgaya, Dharamsala era el lugar de peregrinación budista más importante del país del Ganges. McLeod Ganj, como se la conocería durante la ocupación inglesa, era la villa que el gobierno Indio, con el primer ministro Nehru al frente, cedió al Dalai Lama tras salir desesperadamente de Tíbet en 1959 huyendo de las tropas chinas.

Durante ese tiempo, miles de monjes y monjas fueron masacrados a causa de su religión por el fundamentalismo comunista, algo que los libros de historia occidentales parecen querer olvidar.

A mediados del siglo XX, el gobierno de Mao decidió unidireccionalmente invadir y anexionar Tíbet a la gran República Popular China sin que nadie, ningún país, pusiera ningún impedimento ni siquiera ante el genocidio del pueblo tibetano.

McLeod Ganj se ubica en la cima de la montaña Dhauladar y se encuentra rodeado de naturaleza, donde también campa parcialmente una sección del ejército Indio. A pocos kilómetros se yergue la pequeña villa de Dharamsala —Casa de Bienvenida—, donde Tenzin Gyatso —el Décimo Cuarto Dalai Lama— formó el nuevo Gobierno Tibetano en el Exilio y levantó un campo de refugiados que, con el paso del tiempo, fue aumentando hasta que acabó formando esta aldea.

Para llegar hasta Dharamsala no es posible tomar un avión o un tren ni desde Madrid ni desde Benarés, ya que ninguna línea de ferrocarril se ha atrevido a cruzar los angostos pasos de montaña que protegen la localidad de las miradas de aquellos que no son merecedores de contemplar su límpido fulgor. En cambio, un autobús sale diariamente desde la estación de Delhi superando un trayecto de más de catorce horas de viaje, bordeando los estados de Uttar Pradesh y Punjab hasta adentrarse en Himachal Pradesh.

Con todo, antes de subir a Dharamsala, decidí vagar un rato por los alrededores de la estación de autobuses, entreteniéndome con los olores de los mercadillos, con sus ruidos y alborotos, así como con los gritos de las madres que llamaban a sus hijos para comer. Caminando sin rumbo, el destino me condujo hasta un hermoso, aunque discreto templo que se levantaba en alguna de las calles anexas a la estación.

Dejando las sandalias fuera, subí las empinadas escaleras que precedían una gran sala cubierta de alfombras desprovista de imágenes. Mientras el encargado me traspasaba con la mirada, decidí sentarme en un rincón para observar el comportamiento de los escasos fieles que poblaban el lugar. No quería hacer nada que resultase inapropiado. Pasadas las horas, en las que me dediqué a meditar, me despedí amablemente del hombre que, desde que entré, no había dejado de vigilarme; el cual, para mi sorpresa, antes de irme me regaló unas pequeñas bolitas blancas, dándome a entender que eran para comer.

Agradeciendo su atención, me las eché todas a la boca y partí de nuevo a la plaza de la estación para descubrir que el autobús con el que recorrería el norte de la India, aunque adornado con los colores del arcoíris, apenas si podía sostenerse en pie. De hecho, cuando se puso en marcha, pude ver cómo el conductor se encomendaba a la Trimurti Hindú, por lo que yo decidí también rezar a mi buen Dios, que como es uno solo, no tengo que preocuparme de que mi oración pueda perderse entre sus múltiples avatares. ¡Alguna ventaja tenía que tener haber leído la biblia!

Superados los primeros kilómetros, empecé a notar una intensa sensación de asfixia presionándome el pecho mientras cientos de pensamientos extraños pugnaban para hacerse con el control de mi mente. Aterrado, sin comprender qué me estaba pasando, decidí sumergirme otra vez en mi meditación, descubriendo en mi interior escenas de una violencia tan desproporcionada, que casi no las pude soportar.

Aunque trataba por todos los medios de dejarlas pasar, los pensamientos se colaban y conseguían llegar hasta mi corazón, llenándome de terribles sensaciones. Podía verme a mí mismo asesinando, robando, descuartizando y haciendo daño a miles de personas.

Desesperado, intenté serenarme y analizar el origen de toda aquella vorágine de brutalidad, pero no pude identificar su procedencia. ¿Realmente surgían de dentro de mí o de algún lugar del exterior? Presentando batalla a los pensamientos, mil veces intenté retomar la calma, cerrando los ojos y observando las escenas como quien ve una película de cine, aplicando las técnicas que había aprendido de los diferentes maestros con los que había estudiado. No obstante, eran tan terribles, que no resultó de nada.

Para ayudarme, comencé a pasar las perlas de mi rosario, buscando en los Nombres de Dios la salvaguarda de mi razón y de mi alma. ¿Qué era aquello? ¿A qué se debía todo esto? Sin pegar ojo, atrapado por una pesadilla de la que no podía despertar, pasó la noche y el sol trajo nuevas esperanzas a mi exhausta voluntad.

Con la claridad de la mañana, desde la ventanilla del bus pude ver los más bellos paisajes de los bosques indios. Las faldas de las montañas me enseñaban su color verde y, en ocasiones, se podía oler el perfume de la selva mientras la voz de las nieves perpetuas entonaba su bella canción, tornando de blanco el escalón que las separaba del cielo.

Por fin, tras la recitación de los sagrados mantras y aquellos paisajes, mi mente quedó en calma. Las voces desaparecieron y los terribles sentimientos huyeron de mí para dejar paso a esa paz natural en la cual siempre me había establecido, siendo sin embargo incapaz de mover un solo músculo después de haber librado tan espantosa batalla.

Tiempo después supe que algunas órdenes sincréticas suelen dar a sus neófitos bolitas semejantes a las que me había regalado el encargado del templo, con las cuales podían recordar sus vidas pasadas y sanar así su mal karma. No obstante, aquellas píldoras debían tomarse de una en una para que hicieran el efecto deseado. Tomar más de una a la vez podría resultar muy peligroso, pues el mal realizado en nuestras vidas pasadas, se concentraría en tan solo unas horas del presente. ¡Justo lo que me había pasado a mí! Algo que, si no hubiera sabido meditar, podría haberme vuelto completamente loco.

Aquella experiencia no solo me abrió la mente a la certeza de las vidas pasadas, sino que además me mostró todo el sufrimiento que, existencia tras existencia, había ido acumulando en mi interior, sin contar con el que desafortunadamente también había producido al resto de los seres. Y, aunque los pensamientos intrusivos se fueron marchando con la luz del sol, su regusto no abandonó en absoluto el paladar de mi alma, dejándome una tristeza en el corazón que pocas veces he sentido. Ahora que había tenido acceso a la mochila que mi espíritu llevaba arrastrando vida tras vida, ¿cómo vaciarla? ¿Cómo sacar de mí todo ese veneno?

A diferencia de las religiones abrahámicas, especialmente el cristianismo, las cuales sostienen que el alma se gesta junto al cuerpo en el vientre de la madre. Y que, a pesar de haber nacido, llegará a ser inmortal, el Sanatana-dharma propone que la esencia del ser humano no tiene fin ni principio; de ahí que el hinduismo sostenga que cada alma irá migrando de un cuerpo a otro hasta completar su instrucción.

Cuentan que en tiempos de Buda había un maestro espiritual que se dirigía a todos sus alumnos llamándolos «anciano». Incluso si se topaba con un niño, el gurú le hacía una reverencia, tocaba sus pies y le preguntaba «¿Qué tal estás, anciano?». Y esto porque presumía que los seres humanos en realidad somos mucho más viejos que nuestro propio planeta. El alma, según este sabio, habría viajado por diferentes galaxias antes de encarnar aquí y, por tanto, podríamos decir que somos incluso más antiguos que el sol. La esencia de nuestro ser habría existido desde que la vida comenzó a nacer, hace enormes cantidades de tiempo, así que posiblemente hemos estado aquí desde siempre.

Cuenta la leyenda que, a finales del siglo pasado, un filósofo occidental se dedicó a recorrer numerosos países, entre ellos la India, buscando obtener respuestas certeras a las preguntas más importantes que la humanidad ha venido haciéndose desde siempre. ¿Quiénes somos? ¿De dónde venidos? ¿Adónde vamos? ¿Existe Dios? ¿Qué es el alma? Estando en el país de Buda, quiso subir hasta el Himalaya, donde por fortuna se topó con un sabio muy respetado.

Tras los saludos de rigor, el aventurero le preguntó por qué el hinduismo afirmaba que la Tierra se apoya sobre ocho elefantes blancos. A priori, esta sentencia le parecía una tontería sin ninguna base científica. El maestro le sonrió y le dijo:

—Y sin embargo es así.

Empero, el filósofo insistió:

—Si estos elefantes sostienen la Tierra, ¿qué sostiene a los elefantes?

El gurú volvió a sonreír y contestó:

—Ocho elefantes más grandes.

Intentando calmar su indignación, el occidental volvió a repetir:

—¿Y en qué se apoyan esos ocho elefantes más grandes?

A lo que el maestro respondió:

—En otros ocho elefantes aún más grandes.

El filósofo se quejó:

—Eso no resuelve el problema.

Por lo que el maestro finalmente sentenció:

—Elefante sobre elefante. Elefante sobre elefante. Elefante sobre elefante… desde el principio hasta el final.

Lo que el extranjero no comprendió es que el maestro hindú, en un lenguaje metafórico y hasta pueril, le estaba revelando una de las verdades fundamentales de la existencia; que nuestras experiencias en el presente se soportan en nuestras experiencias del pasado, de la misma manera que las experiencias de nuestro pasado se sostienen por las experiencias que sentimos en vidas anteriores. Las cuales, asimismo, también se apoyan en otras vivencias aún más pretéritas.

Así es como estamos aquí. Y, como, si echamos la vista atrás, nos veremos a nosotros mismos desde el principio, elefante sobre elefante, vida sobre vida, vida tras vida… Nuestro pasado sostiene esta existencia, de la misma manera que esta existencia será el elefante donde se apoyen nuestras futuras encarnaciones.

Aunque esta pequeña anécdota tenía sentido para mí, no fue hasta que pude ver por mí mismo los elefantes donde se apoyaba mi vida, que la reencarnación dejó de ser una teoría para convertirse en una realidad.

El camino del encuentro

Las estrechas calles de Dharamsala estaban pobladas de transeúntes de todas las razas y colores. Entre los ciudadanos tibetanos se mezclaban jóvenes indios, sijs, americanos, europeos y hasta algún que otro finlandés que vagabundeaba, mochila en ristre, entre las estupas y monasterios de la zona buscando comida y alojamiento.

Como era de esperar, los comercios estaban orientados al turista extranjero afín al budismo tibetano y a la causa del XIV Dalai Lama, ofreciendo suvenires del País de las Nieves de todos los tamaños y aptos para todos los bolsillos. Los locutorios y restaurantes se repartían junto a las casas de huéspedes y centros de meditación, yoga, terapias alternativas, medicina ayurvédica, reiki, astrología y otras técnicas no menos curiosas, las cuales encontraron aquí su Jardín del Edén. Sin lugar a dudas, la aldea —estructurada en forma de L— respiraba espiritualidad por los cuatro costados.

Al final de la calle que desciende hasta el palacio del Dalai Lama, decenas de mendigos se amontonaban esperando la misericordia del viandante. Superados los lindes del monasterio principal, a mano izquierda y derecha aparecen modestísimos apartamentos que dejan ver en su interior los rostros envejecidos de sus inquilinos, de ojos rasgados y piel canela, afanándose en sus quehaceres diarios.

La añeja piedra del Potala ha tenido que ser sustituida por vigas de acero y hormigón pintadas de amarillo, pero afortunadamente la vibración del canto de los sutras de la escuela Mahayana no ha hecho distinción entre la piedra y el cemento, llegando hasta los oídos de los peregrinos como el eco de un pasado remoto que, sin embargo, nunca ha estado tan presente como ahora en este lugar. El paraje idílico, al abrigo de la selva, invitaba a soñar con la mística ciudad de Shambhala.

Dice la tradición que Shambhala era un reino perdido al abrigo de los grandes picos nevados del Himalaya. Una tierra donde los maestros espirituales de toda la humanidad se reunían para velar y rezar por el devenir del género humano. Según se cree, cuando llegue el final de los tiempos y los ejércitos de las tinieblas asolen la tierra, el último rey de Shambhala, el avatar Kalki —última encarnación de Vishnu—, saldrá de su letargo para luchar contra la oscuridad y hacer retornar otra vez la luz al mundo, acabando con todos los reyes del planeta, a los cuales la profecía llama literalmente «ladrones». Al final de este Armagedón, el último avatar de Dios devolverá el saber perdido a los habitantes de la tierra, finalizando así la edad de la ignorancia, el Kaliyuga.

Aunque la leyenda es propia del canon hindú —y podemos encontrarla en el Mahabharata—, el pueblo tibetano la hizo suya al creer que el primer rey de Shambhala fue Suchandra, un discípulo directo de Buda, el cual habría traído el conocimiento de Kalachakra —una de las instrucciones superiores del budismo tibetano— hasta el país de los Kalapas, donde habría estado ubicada la mítica ciudad.

Cuenta la leyenda que hace más de dos mil quinientos años Suchandra abandonó Shambhala para pedirle a Buda una instrucción espiritual tan perfecta, que no tuviera que renunciar a su vida mundana para alcanzar la iluminación. Siendo un buen rey, temía que su reino, si se recluía en un monasterio, cayera en malas manos, por lo que ansiaba conseguir una meditación que pudiese utilizar en su vida cotidiana.

Buda, viendo la buena disposición del monarca, le dio instrucciones superiores para alcanzar la iluminación en la vida cotidiana. Suchandra entonces regresó a su país y enseñó esas prácticas a sus conciudadanos, alcanzando así una comprensión tan profunda de la realidad, que todos lograron alcanzar el Despertar y trascendieron los vínculos de este mundo.

Siguiendo el eco de esta leyenda, muchos aventureros, tanto actuales como de siglos pasados, emprendieron la difícil tarea de buscar la Ciudad de la Luz, sobre todo a raíz de la publicación de la novela de James Hilton, *Horizontes Perdidos* en 1933.

El escritor británico, haciendo un compendio de las tradiciones orientales, narró las peripecias de un grupo de viajeros que, teniendo que huir precipitadamente de Afganistán debido a la revuelta contra el Raj Británico de 1931, estrellaron su avión en algún lugar indeterminado de la altiplanicie tibetana, donde fueron rescatados por una comitiva de monjes que aseguraban provenir de Shangri-La; un monasterio reflejo de Shambhala.

El complejo poseía todas las comodidades de occidente, un microclima particular que lo resguardaba de las inclemencias invernales, además de una biblioteca donde se custodiaban los volúmenes que contenían el saber perdido de la humanidad.

A través de las conversaciones de Conway, su protagonista, con el abad del monasterio, este llegará a descubrir que aquel lama era en realidad un monje capuchino que, en el siglo XVII, se perdió en este valle y acabó fundando Shangri-La. Las virtudes del lugar hicieron todo lo demás y los habitantes del monasterio, desde aquel entonces, se ocuparon de preservar el saber divino que había llegado a sus manos.

«Cuanto más te acercas a Shambhala, más invisible se hace». Dicho Tibetano.

Tras una verja custodiada por decenas de guardas, se levanta el edificio color vainilla que alberga las habitaciones donde hace vida el XIV Dalai Lama. Frente a él, superando un modesto patio con jardín, se yergue un templo cuya planta inferior está presidida por un trono vacío, donde Tenzin Gyatso suele sentarse para impartir sus enseñanzas, además de algún que otro relicario con candelillas y diversas telas bordadas con la efigie de Buda propias de esta región.

En la planta superior se ubica la sala de meditación, iluminada por una estatua dorada del príncipe Siddhartha. A un lado y otro, minúsculas capillas guardan las figurillas de los ídolos del país —denominados yidam—, entre las que destaca la representación de Kalachakra.

Según la leyenda de Shambhala, el budismo tibetano es el custodio de la llave de la mítica ciudad, a la cual podía accederse mediante esta práctica tántrica que regula las energías más sutiles del cuerpo para modular los vientos energéticos y hacer un viaje, quizás onírico, a la Ciudad de la Luz.

Según las enseñanzas tibetanas, aunque Shambhala no puede ubicarse en este mundo, el peregrino que tenga algún lazo kármico con ella, podrá vislumbrar sus murallas en el horizonte de su propio ser. No obstante, las iniciaciones en la práctica de Kalachakra eran de las más complejas, difíciles y prohibidas de la cultura de los Kalapas.

Frente a la sala de meditación, en el amplísimo balcón del edificio, decenas de monjes y monjas se entretenían haciendo postraciones frente a la efigie de Buda para purificar sus faltas. Durante toda la jornada, el trasiego de peregrinos y devotos es constante. La humildad y la sencillez de las instalaciones sorprende si se las compara con los edificios religiosos vaticanos, por ejemplo. Aquí no hay enormes monstruos de piedra, ni ostentosas esculturas, ni museos con costosas obras de arte… Solamente hay silencio y meditación. Sírvase quien quiera.

Desde el hostal donde me alojaba —llamado Snow Lion— cada mañana bajaba los escasos quinientos metros que me separaban del palacio del Dalai Lama, buscaba un lugar apartado en alguna de sus salas y me dedicaba a practicar meditación hasta el mediodía. Durante la sesión meditativa, mi objetivo era no desviar la atención del objeto de concentración. Pero, si esto sucedía, tenía que volver a recobrarlo inmediatamente. Lo malo no era que la mente se distrajera, sino que no me diera cuenta de que me estaba distrayendo y vagara entre los mundos imaginarios que todos llevamos dentro. También debía tener en cuenta que no debía manipular en modo alguno el proceso respiratorio, dejando que el cuerpo se oxigenara libremente mientras yo observaba sus fases estando muy presente.

Cuando no practicamos meditación, la consciencia se encuentra vagando entre las emociones, sensaciones, pensamientos y divagaciones mentales. Con la meditación, en cambio, podemos cortar todos los estorbos de la mente, unificándola en un solo lugar. Así, estando concentrada en una sola cosa, los demás entorpecimientos no encuentran lugar en su interior y podemos llegar a experimentar una gran paz y serenidad.

Como los enemigos que emergen dentro de la meditación aparecen igualmente en nuestra vida diaria, estudiarlos y examinarlos en la práctica meditativa nos ayudará también a reconocerlos fuera. De esa forma podremos saber cómo nos afectan, tanto a nosotros como a los seres que nos rodean, para lograr ponerles remedio eficazmente antes de que crezcan y se reproduzcan.

Por la tarde, después de almorzar, descendía de nuevo para asistir a las charlas que algún lama impartía desde el estrado frente al palacio de Su Santidad o sencillamente me sentaba a cantar mantras con los estudiantes tibetanos que se repartían por el lugar hasta que caía la noche, las ceremonias concluían y cada cual se retiraba a descansar.

Para mi sorpresa, cierta tarde fue el mismísimo Tenzin Gyatso quien, escoltado por su guardia personal, salió de su palacio y se dirigió al sillón que se ubicaba al otro extremo del patio. Poco a poco, los cuchicheos de los monjes más jóvenes fueron dejando paso a un reverencial silencio, roto únicamente por la voz del XIV Dalai Lama, quien tuvo a bien hablarnos de las Cuatro Nobles Verdades de Buda y del Noble Óctuple Sendero.

Al concluir, la mayoría de la audiencia se levantaba, pasaba frente a su trono y se postraba ante él, puesto que lo consideraban un Buda viviente. Y, aunque debo reconocer que mi primera intención fue imitar a los oriundos, cuando lo tuve enfrente, por alguna razón que no puedo explicar, no sentí que aquel hombre fuera mi maestro, y, por lo tanto, tampoco consentí en arrodillarme y mucho menos en postrarme ante él. Algo había sucedido en mi corazón.

Saliéndome de la fila, desanduve el camino a mi hostal con una extraña sensación de haber recorrido una buena parte del planeta para darme cuenta de que aquel no era el sitio donde debía estar. Por muchos tesoros que hubiera encontrado en la meditación, y aunque las palabras del príncipe Siddhartha tenían sentido para mí, el alma me decía que mi camino no era ser una isla, como proponen las enseñanzas budistas, sino más bien un bote salvavidas o tal vez únicamente un sencillo pescador.

Con estos pensamientos rondándome la cabeza, continué caminando como un autómata, siguiendo la carretera de entrada a la aldea, donde descubrí una antigua iglesia, posiblemente heredera del dominio británico del país, la cual todavía conservaba su encanto.

Semejante a St. Pancras Old Church, en Londres, el eremitorio estaba rodeado de un pequeño camposanto coloreado por el verde intenso de la naturaleza salvaje de la India. En su interior, las solitarias bancadas parecían pedir a gritos que alguien ocupase el lugar donde otrora centenares de personas habrían hundido sus almas en las abisales profundidades del Dios de los cristianos. El mismo que seguía manifestándose en estas tierras a través de los diferentes pasajes de su vida que se asomaban entre las vidrieras del oratorio.

Todavía no puedo explicar lo que sucedió en mi corazón cuando crucé los adoquines de la entrada y accedí a su nave principal. Allí, en el centro de la fe budista, fue Jesús quien llamó a la puerta de mi alma.

A pesar de que el sol ya se estaba ocultando, un rayo de luz pareció iluminar la imagen de Cristo y, como por instinto, mi cuerpo se dio la vuelta, se dirigió hacia él, miré a sus ojos, hinqué mis rodillas en el suelo y bajé la cabeza. Lo que Buda no había conseguido de mí, yo acababa de ofrecérselo voluntariamente a Jesús.

A partir de entonces, por las mañanas bajaba a meditar al monasterio que se encontraba frente al palacio del Dalai Lama, pero por las tardes me refugiaba en esta iglesia, donde la lectura de los pasajes de la vida del hijo de María, hacían que de mis ojos siempre brotasen las lágrimas, revelando la ubicación de un tesoro llamado Jesús que, a pesar de que siempre había estado a mi lado, sin embargo yo no había sido capaz de descubrir hasta ese momento.

Dicen que cuando el discípulo está preparado, el maestro aparece. El problema es que yo había estado rodeado de Jesús durante toda mi vida, pero jamás había querido fijarme realmente en él hasta que el lazo de nuestro karma nos unió en aquel lugar, donde el recuerdo de su sacrificio, encerrado en los versículos de las biblias que se repartían por la estancia, caló mi corazón con más fuerza que cualquier sutra y que cualquier efigie de Buda, no quedándome más remedio que rendirme al hecho de que, por más que tratara de ignorarlo, Jesús siempre había sido mi gurú raíz, mi Sadgurú, mi maestro principal, la emanación de la divinidad de la cual yo debía aprender a vivir.

Las cadenas de las religiones

«No crean en nada, oh monjes, meramente porque se lo hayan dicho, o porque sea tradicional, o porque ustedes mismos lo hayan imaginado. No crean lo que su maestro les dice meramente por respeto al maestro. Pero cualquier cosa que, después del apropiado examen y análisis, descubran que conduce al bien, al beneficio y al bienestar de todos los seres, esa doctrina créanla, aférrense a ella y tómenla como buena».

Kalama Sutra.

El viaje de regreso a Delhi fue largo y fatigoso. Las más de catorce horas metido en un autobús de los años sesenta, con los asientos de madera y la cabeza de mi compañero de bancada descansando sobre mi hombro mientras atravesábamos Himachal Pradesh a través de serpenteantes carreteras de montaña, hicieron mella en mi ya de por sí dolorida espalda. Cuando por fin llegamos a la estación, tomé un taxi y pasé el resto de la tarde metido en la bañera del hotel. Tenía que recuperar fuerzas y recomponerme para las numerosas visitas que todavía me quedaban por hacer en la capital india.

A la mañana siguiente, algo más recuperado, telefoneé a mi chófer de confianza y le pedí que me llevara a la catedral del Sagrado Corazón. El edificio, muy próximo a Connaught Place, comenzó a construirse en el 1930, aunque las obras no terminaron hasta cinco años después. Se cree que el propio Edwin Lutyens —tal vez uno de los urbanitas británicos más destacados del siglo XX— participó en el diseño del oratorio católico, así como en el de la catedral anglicana que se encuentra apenas a un kilómetro y medio de distancia.

En el interior del edificio, rodeado de hermosos jardines, se respiraba un confortable aroma de espiritualidad y recogimiento. Si prestabas atención, podías distinguir las letanías que los niños de algún cercano colegio estaban entonando para honrar al Dios de los cristianos. A mano derecha de la nave central me sorprendió encontrar una estatua de san Josemaría Escrivá de Balaguer, fundador del Opus Dei y oriundo de Barbastro. Siempre es agradable tropezarte con un paisano, aunque sea de escayola, cuando te hayas tan lejos de tu hogar. Empero, lo que más me llamó la atención fue el sari azul que vestía la figura de la Virgen María, la cual sostenía a un Niño Jesús envuelto en una túnica dorada, símbolo de la realeza y de la divinidad. Algo muy característico en la iconografía sagrada del subcontinente indio.

En unos instantes daría comienzo la misa para apenas una veintena de fieles que se repartían entre los bancos de las primeras filas, por lo que no dudé en ocupar un lugar, sonriéndoles amablemente mientras ellos me miraban extrañados. Debo reconocer que, desde mi acercamiento a Jesús en Dharamsala, había estado esperando el momento de poder asistir a la cena del Señor para ver cómo respondía mi corazón.

Aunque mis padres me educaron en el catolicismo, pronto me separé de la fe de mis mayores debido quizás a los numerosos dogmas propuestos por los diferentes concilios que a través de la historia los creyentes nos hemos visto obligados a profesar aunque fueran en contra de las mismísimas Escrituras. Paradójicamente, no fue hasta que comencé a estudiar las religiones dhármicas —hinduismo, sijismo y budismo, sobre todo— que la vida y muerte de Jesús de Nazaret cobraron un sentido mucho más profundo para mí. Algo con lo que sí podía comulgar…, válgame la comparación.

Según el budismo tibetano, la compasión es la cualidad de los *bodhisattvas*; es decir, de los seres iluminados que han decidido sacrificar el nirvana para seguir ayudándonos en este mundo, reencarnando tantas veces como fuera necesario. Es justamente en el País de las Nieves donde encontramos una práctica meditativa llamada *tonglen*, mediante la cual uno mismo puede aceptar la difícil tarea de cambiar su felicidad por el sufrimiento de los demás. Por tanto, para mí tenía sentido que Jesús fuese un *bodhisattva*, ya que estos seres han decidido que el bienestar de los demás es más importante que el suyo, de manera que dan un paso al frente y abren sus corazones para cargar con el dolor de toda la humanidad.

Guru Har Krishan, el octavo líder del movimiento sij, fue un niño pequeño que se sacrificó por iniciativa propia para purificar el Ganges, ofreciéndole su vida a Dios a cambio de que las aguas del río quedasen limpias.

Al igual que en el cristianismo, las religiones dhármicas también consideran que el mayor acto de amor que un ser humano puede realizar es dar su vida por los demás. No obstante, gestos de amor tan inconmensurables suelen poner muy nerviosas a las fuerzas oscuras de este mundo. Tanto el budismo como el hinduismo discurren que nuestra percepción del mundo está supeditada a los engaños que hemos venido acumulando en el continuo mental debido a nuestro karma negativo. Como una cebolla, nuestra mente está envuelta en capas de ilusión e ignorancia que han venido corrompiendo nuestra percepción de la realidad y alejándonos de nuestra verdadera esencia. Esta macabra ilusión, llamada Maya, envuelve al ser humano para que no deje de sufrir en un ciclo incesante de muertes y nacimientos.

Según las escrituras budistas, las tendencias negativas que nos alejan de la iluminación son cinco: la duda, la pereza, la ignorancia, el ansia —o deseo por los placeres de los sentidos— y la malicia. Sin embargo, en la doctrina advaita, esta ensoñación que rodea y envuelve nuestra realidad también es considerada como una entidad, llamada Mara, quien en ocasiones es descrita como el rey de los demonios, otras como el señor de los engaños, pero también como la parte negativa que cada uno llevamos en nuestro interior y que nos aleja del conocimiento divino.

Mara es el nombre de uno de los avatares de Vishnu —Rama—, pero al revés, por lo que si consideramos que Dios representa toda virtud —Dharma—, Mara será consecuentemente la personificación de la no virtud o Adharma.

Dicen los Rishis —sabios de la India— que todo aquello que suponga un incremento en la fantasía de Maya será promovido por las fuerzas oscuras de este mundo para que la telaraña de esta ilusión siga manteniéndonos presos y a merced de nuestros instintos más bajos vida, tras vida, tras vida… No obstante, si algo o alguien suponen una amenaza para Mara y su macabro espejismo, será inmediatamente neutralizado, puesto que en última instancia Mara no es más que oscuridad. Y como todo el mundo sabe, cuando alguien enciende la luz, la oscuridad desaparece.

Cuenta la tradición que cuando Siddhartha estaba a punto de alcanzar la iluminación, sentado bajo el árbol Bodhi, Mara fue a prenderlo con una cohorte de demonios. Los Devas —semidioses— que estaban acompañándolo en el bosque, huyeron cobardemente de allí al ver que un gran ejército de demonios se acercaba. Pero Siddhartha no se movió. Se quedó quieto y se enfrentó a las fuerzas del mal sin mover un solo músculo, conociendo que en realidad su adversario no era más que una fantasía dentro de su mente.

Mara ordenó a sus secuaces que lanzasen flechas contra el muchacho, pero antes de tocar su cuerpo, Siddhartha convirtió esas saetas en flores. Todavía más enfurecido, Mara le envió fuertes lluvias y tormentas de granizo, pero Siddhartha utilizó el arma de Mara —un disco arrojadizo llamado *cakkavudha*—, para cubrir su propio cuerpo y ponerse a salvo de la tempestad. El demonio entonces envió a sus hijas para que intentaran seducirle, cuyos nombres eran Tanha —hambre y sed—, Arati —orgullo—y Raga —que quiere decir codicia—. Pero tampoco en esta ocasión el joven príncipe se dejó engañar. Derrotado en todas sus maquinaciones, Mara regresó a su palacio, sabiendo que Siddhartha se había convertido en un Buda y que ya no tenía nada más que hacer.

Muy semejante a la historia que acabamos de contar, el Nuevo Testamento nos relata que Jesús también fue tentado por el diablo antes de convertirse en el Hijo de Dios para que desistiera de su propósito de difundir el Dharma entre su pueblo. Si prestamos atención a los hechos narrados por los evangelistas, nos daremos cuenta de que las tres cosas que Satanás le ofreció a Jesús son en realidad las tres hijas de Mara.

La primera fue la satisfacción de sus deseos bajo el símbolo del pan. A lo que Jesús contestó: «No solo de pan vive el hombre, sino de toda palabra que sale de la boca del Señor». No contento con esto, el diablo lo condujo al pináculo del Templo y lo instó a revelarse abiertamente a la gente como el Mesías mediante algún signo prodigioso y sobrenatural. A lo que Jesús contestará: «No pondrás a prueba al Señor tu Dios». Pero será en la última propuesta donde se revele con claridad la auténtica identidad del tentador. Seguidamente, el diablo lo llevó consigo a la montaña más alta, le enseñó todos los reinos de la tierra y le dijo: «Todas estas cosas te daré, porque a mí se me han dado y yo puedo dárselas a quien quiera, si postrándote me adoras». A lo que Jesús respondió: «¡Apártate de mí, Satanás, puesto que escrito está: adorarás al Señor tu Dios y a Él solo servirás!».

Viéndose vencido en todo, el diablo se retiró de él momentáneamente. Sin embargo, esta no será la última vez que Mara trate de detener al Hijo de Dios con toda suerte de tretas y argucias. Durante sus apariciones públicas, Jesús no dejó de enfrentarse a Mara, ya fuera que se revelase con su propio aspecto o tirando del hilo de titiritero que impulsaba a los sacerdotes, escribas, fariseos, soldados, e incluso al mismísimo procurador Poncio Pilato.

La vida de Cristo fue una lucha encarnizada entre la luz y la oscuridad, en la que Mara pretendió apagar la eterna claridad del Dharma colgándola primero de un madero para que sirviera de mofa y escándalo para los demás, y luego enterrándola en una tumba excavada en la roca para que nadie pudiera encontrarla. No obstante, al tercer día, la luz volvió a resurgir iluminando Jerusalén. Y lo seguirá haciendo eternamente, liberando los corazones de todos aquellos que tengan el valor de enfrentarse a su propia Maya.

Mientras me encontraba sumido en estos pensamientos, hizo su aparición el sacerdote local, vistiendo una casulla de color verde, seguido de un par de monaguillos que se afanaban en colocar apropiadamente los objetos para el culto sobre la mesa. Sin más dilación, el prelado se ubicó detrás del altar mayor, abrió los brazos en cruz y comenzó a oficiar la misa. En mi interior deseaba que durante aquella ceremonia mi corazón latiera tan fuerte que mis lágrimas llegasen a empapar el piso de la catedral. Deseaba sentir la presencia de Cristo en la eucaristía y que su espíritu me abrazara para hacerme sentir seguro y confortable. Para poder tener la certeza de haber encontrado mi sitio y de haber saciado por completo mi sed espiritual.

Si la misa era el testamento de Jesús, necesariamente tenía que quemar los corazones con el fuego eterno de la pasión de los enamorados. Los auténticos seguidores de Cristo, imitando sus pasos, podrían devolverme la vista como sucedió con el ciego Bartimeo. Hacerme levantar de mi silla de ruedas espiritual como sucedió con el paralítico de la piscina de Betesda. Incluso podrían rescatar mi alma de las garras de la muerte como pasó con la hija de Jairo y con Lázaro. Sin embargo, nada de eso sucedió.

Al terminar el oficio, sentí que lo único que había hecho era sentarme cuando tocaba, levantarme cuando era requerido, repetir las jaculatorias estipuladas en los momentos adecuados y finalmente comer un trozo de pan ácimo que se me pegó al cielo de la boca.

Mientras el resto de personas salía de la iglesia, yo me quedé todavía unos minutos sentado en mi asiento. No podía creer que un hombre tan libre y con tanto poder espiritual como Jesús hubiese impuesto a sus discípulos una liturgia tan monótona como aquella.

Aunque en mi interior siempre he sentido un profundo respeto por la fe católica, el Jesús que yo conocía no estaba en aquel lugar, por lo que me levanté y salí inmediatamente de un templo donde tampoco creo que hubiera sitio para mí. Sinceramente, no creo que Jesús viniera a fundar ninguna iglesia, así que formar parte de una estaría fuera de lugar. Jesús se enfrentó solo a los problemas cotidianos y también solo lidió contra las pasiones mundanas. Incluso cuando muchos le siguieron y presumían de ser sus discípulos, lo abandonaron en sus horas más bajas, justamente antes de ser prendido. Lo único constante en la vida del hijo de María es su relación íntima con Dios y su amor por el prójimo. Mirando el crucifijo bajo el altar mayor, pensé que tal vez Jesús no vino a instaurar la eucaristía, sino a enseñarnos a arrodillarnos para lavar los pies de nuestros semejantes.

Mi Dios era un Dios de señales y de prodigios, no de rituales, ni de liturgias, ni de dogmas de fe. Cuando sentí el amor por Jesús ardiendo en mi corazón en Dharamsala, fui consciente de que un gran secreto estaba al alcance de mi mano, por lo que a partir de aquel momento decidí convertirme en un buscador de ese secreto. Con todo, olvidé que, según un antiguo relato hindú, ese secreto no podía encontrarse en ninguna religión oficial, puesto que todas las religiones habían sido maldecidas mucho tiempo atrás.

Cuenta la tradición que hace muchos años se celebró una gran reunión donde asistieron los sabios y los sacerdotes más respetados de toda la tierra. El cónclave estaba presidido por los tres grandes dioses del hinduismo: Brahma, Vishnu y Shiva. Los brahmanes estipularon que para que los rituales y sacrificios salieran correctamente, serían oficiados por Daksa, un *prajapati* —patriarca de la humanidad—, hijo de Brahma y padre de Shakti, la primera consorte de Shiva.

Cuando Daksa entró en la asamblea, toda la sala quedó iluminada por el fulgor de su presencia. Impresionados por su porte, los asistentes se pusieron en pie, expresando así su respeto por Daksa, a excepción de Brahma y Shiva, los cuales no se movieron de su asiento.

Brahma recibió a su hijo con los brazos abiertos y lo invitó a sentarse a su lado. Pero Daksa, molesto porque Shiva no le había mostrado ninguna señal de afecto, comenzó a insultarlo con terribles palabras. Loco de ira, lo acusó públicamente de no saber comportarse, de no tener vergüenza ni educación, incluso de haber arruinado la asamblea con su presencia.

Aseguró que él mismo era superior al dios, ya que Shiva se había casado con su hija, que era carne de su carne. Se mofó de Shiva echándole en cara que viviera en lugares impuros, como los crematorios; que untara su cuerpo con las cenizas de los muertos y que se hiciera acompañar siempre de fantasmas y demonios. Por último, le culpó de dar auspicio a los seres más desgraciados, especialmente a los locos y desahuciados.

Daksa, que seguía consumido por su furia, propuso al consejo que Shiva no recibiera parte alguna en los sacrificios y ofrendas que iban a realizarse. Y así, después de haber pronunciado todas estas blasfemias, el sacerdote se levantó y abandonó el cónclave sin echar la vista atrás.

Shiva, absorto en su propia esencia, no reaccionó a las palabras de Daksa. Su tarea como dios destructor era también la de desgarrar la imagen vanidosa que los seres humanos se han ido formando de sí mismos. Pero quien sí reaccionó fue Nandisvara, uno de sus más devotos seguidores.

Nandisvara se levantó y se dirigió a la asamblea, acusando a los sacerdotes de no haber defendido a Shiva, a quien debían el máximo respeto, dado que era la tercera encarnación de la trimurti. Sin embargo, por temor a enemistarse con Daksa, que se encontraba a la cabeza de los brahmanes, guardaron un silencio cobarde que los convirtió en cómplices de todos aquellos insultos.

Nandisvara dijo que Daksa se había olvidado de su espiritualidad y que había desarrollado una fuerte atracción por los objetos materiales y por los placeres de los sentidos. Señaló además que se había olvidado de quién era y del papel que debía ejercer, que no era otro que el de servir con humildad tanto a los otros seres como a los mismos dioses. De esa manera, Nandisvara maldijo a todos los sacerdotes que, a partir de entonces, actuaran como Daksa, profetizando que en el futuro las religiones se verían dirigidas por personas que no amarían a Dios, así que no conseguirían reconocerlo ni aunque lo tuvieran delante. Y que se dedicarían únicamente a insultar y poner obstáculos a los genuinos buscadores de la verdad.

Cuando Nandisvara se sentó, el noble Bhrigu tomó la palabra y contraatacó a la maldición de Nandisvara, asegurando que, desde aquel momento, los seguidores de Shiva serían considerados fuera del orden de las Escrituras. Ante este intercambio de imprecaciones, el señor Shiva salió de su ensimismamiento, se levantó y abandonó el lugar en silencio y muy apenado.

A partir de aquel momento, la religión hindú quedó dividida entre los sacerdotes que se vanagloriaban de su posición y los buscadores que estaban cerca de Dios, pero que eran insultados y despreciados por las élites eclesiásticas.

Curiosamente, las mismas imputaciones que Daksa lanzó contra Shiva, serían vertidas por los sanedrines que juzgaron a Jesús antes de entregárselo a las autoridades romanas para que fuese crucificado por los delitos de sanar a las personas y tratar de explicar las Escrituras al pueblo. Prueba más que evidente de que aquella atávica maldición seguía vigente en la Palestina del siglo I… como posiblemente siga vigente hoy en día.

A Jesús también lo acusaron de asociarse con gente indeseable, como prostitutas, leprosos y pecadores. Él no quiso venerar a los sacerdotes, pues sabía bien que habían sido comprados por Roma para que se mantuviesen al margen de todas las injusticias que se estaban cometiendo contra el pueblo judío. Dijeron de él que echaba fuera a los demonios porque tenía tratos con Belcebú. Lo humillaron, diciendo mentiras contra él y no supieron reconocer su divinidad. Y mientras, tanto Shiva como Jesús callaban…, Mateo 26:59-63.

Dicen que vino del desierto y que iluminó al pueblo en plena madrugada. Dicen que las flores estallaban por donde pasaba. Que las casas se engalanaban con los colores más bellos. Que hasta el humo de las chimeneas tenía un perfume especial. Cuentan que a su paso se abrían las ventanas y todos, misteriosamente, cantaban la misma canción. Dicen que incluso el comisario salió a la calle con el corazón en la mano para ofrecérselo a cualquiera. Él, que siempre había odiado a todo el mundo. Hay quien asegura que todavía desprendía el olor a aquella vieja y lejana carpintería de la que habla el libro sagrado. Hay quien asegura que era un ángel… y es posible, porque solo un ángel podía sacar peces de un río seco y multiplicar los panes con una mirada. Dicen que se fue caminando sobre las aguas. Tres años después, los marineros nos contaron que del otro lado del mar no le entendieron…, por eso fue crucificado.

Facundo Cabral.

El Dharma de Jesús

«La luz que brilla en el ojo es en realidad la luz del corazón.
La luz que brilla en el corazón es en realidad la luz de Dios».
Mevlana Yalal al-Din Rumi.

No sería justo desvincular a Jesús de su cultura judía, de la misma manera que tampoco sería justo desligar a Buda o a Krishna de la tradición del país donde nacieron, pero lo que sí me gustaría intentar a lo largo de este libro es constatar que los tres fueron como gotas de agua salidas de la misma fuente; o incluso que fueron la fuente misma vertida en tres cuerpos distintos y en tres formas diferentes para enseñar a la humanidad el camino de la virtud, también denominado Dharma.

Saber elegir un buen Dharma es crucial en la vida del ser humano. Desechar un camino que va contra la bondad, que promueve la violencia, la separación entre los pueblos, la segregación de sexos, que utiliza dogmas de fe, que está basado en ritos, que prescinde de la razón y que no extrae lo mejor de cada uno de nosotros, no es una vía hacia la realización, sino más bien hacia un profundo infierno del que quizás luego nos sea complicado escapar.

Antes de comprar cualquier objeto insignificante, reflexionamos sobre sus características, ventajas y desventajas. Sin embargo, a la hora de elegir un Dharma, nos dejamos seducir por la ansiedad o asimilamos dócilmente las costumbres de la tierra donde hemos nacido sin comprender que nos estamos tirando de cabeza a una piscina que quizás esté vacía. Si damos tanta importancia a un objeto mundano, ¿por qué apostamos luego a ciegas por algo que quizás pueda condicionar nuestra vida actual y las venideras? Dependiendo de la pureza de las enseñanzas del maestro, del continuo mental del discípulo y del Dharma en que este se instruya, se podrá alcanzar o no la felicidad.

Hay tres tipos de Dharma. El primero es el Dharma Natural, que es como llamamos a los fenómenos que suceden como consecuencia de alguna ley física. La sucesión del día y la noche, el paso de las estaciones y el ciclo de la vida es parte de ese Dharma Natural.

Por otro lado, está el Dharma del Gurú, como Jesús, Buda o Krishna. Aunque los maestros iluminados predicaron su propio Dharma, la luz siempre fue la misma, solo la forma del candil era diferente. El Dharma de Buda está recogido en la Tripitaka —tres canastas del Canon Pali— y comprende las cuatro nobles verdades y el noble óctuple sendero. El Dharma de Krishna está compilado sobre todo en el Bhagavad Gita. Así como el Dharma de Jesús lo podremos encontrar en los evangelios.

Por último, está el Dharma Sagrado, es decir, el Dharma que no necesita de gurús, ya que se revela directamente al buscador, llevándolo de la mano hasta la infinidad del ser inmortal. En ese momento quien ve, lo que es visto, y el hecho de ver, se funden en un uno sin dos. Jesús dijo: «Mi Padre y yo somos uno» —Juan 10:30—, y creo que no hay manera más hermosa de explicar lo anterior que con estas palabras.

Por la práctica de la virtud sucede un milagro y el ser humano transmuta su esencia. Tanto en los evangelios como en la cultura hindú se ha explicado el viaje hacia Dios mediante una trinidad sagrada compuesta por Padre, Hijo y Espíritu Santo; o Brahma, Vishnu y Shiva. No obstante, la realidad es que nunca hubo más trinidad que la del amante, amor y amado. Por medio del amor, la criatura se convierte en el enamorado que emprende la búsqueda de su amado. Un viaje por el que se abandona todo hasta poder encontrar el lecho donde se consumará la unión mística.

Las seis características del verdadero Dharma son:

— Es sencillo de comprender y de explicar.

A veces los seres humanos, llevados por la oscura pasión de dar credibilidad a los dogmas de sus religiones, o de sus culturas, intentan exponer de manera compleja cuestiones como el origen del universo, de las estrellas y de la vida. Sin embargo, el Dharma que es difícil de explicar y de comprender, no es el verdadero Dharma.

Para revelar los conocimientos más elevados, Jesús utilizó todo tipo de cuentecillos y parábolas. En un lenguaje infantil, supo compilar toda la sabiduría del Dharma para que sus oyentes abrieran sus corazones a una realidad superior y cambiaran su percepción de la vida. A menudo solemos encontrarlo diciendo: «Quien tenga oídos para oír, que escuche». O, «quien tenga ojos para ver, que vea».

En cierta ocasión, Pedro le preguntó:

—Señor, ¿cuántas veces tengo que perdonar que mi hermano peque contra mí? ¿Hasta siete?

A lo que Jesús respondió:

—No te digo hasta siete veces, sino hasta setenta veces siete.

Luego le contó esta hermosa historia:

Mira, el Reino de los Cielos viene a ser semejante a un rey que quiso arreglar cuentas con sus siervos. Estando en estas, le presentaron a uno que le debía diez mil talentos de plata. Como no podía pagar, el señor ordenó que fuese vendido tanto él como todo lo que tenía. Entonces el servidor, echándose a sus pies, le suplicó:

—¡Señor, ten paciencia conmigo y te lo pagaré todo! —El soberano, compadeciéndose de él, lo mandó soltar y le perdonó la deuda.

Al salir aquel siervo, encontró a uno de sus compañeros que le debía unas pocas monedas, y, agarrándole del cuello, lo ahogaba y le decía:

—¡Págame lo que me debes!

El deudor, echándose a sus pies, le suplicó:

—¡Ten paciencia conmigo y te lo pagaré! —Pero el otro no quiso, sino que fue y lo hizo meter en la cárcel hasta que le pagase la deuda.

Al ver lo ocurrido, muchos fueron y le contaron al rey lo que había pasado. Entonces el monarca lo mandó llamar y le dijo:

—¡Siervo malvado! Yo te he perdonado toda la deuda, porque me lo has suplicado. ¿No debías tú también tener compasión de tu hermano, como yo la he tenido contigo? —Entonces el señor, irritado, lo entregó a los verdugos hasta que pagase toda la deuda…

[Luego Jesús añadió]:

—Del mismo modo hará con vosotros mi Padre Celestial si cada quien no perdona a su hermano de todo corazón.

Mateo 18:21-35.

Recuerdo que, durante uno de mis viajes a Etiopía, me crucé con un misionero de origen norteamericano que intentaba dar a conocer el protestantismo por todo el país. La afinidad entre ambos surgió enseguida y cuando coincidíamos en el restaurante del hotel de Lalibela aprovechábamos para hablar de Jesús largo y tendido. Durante una de nuestras charlas, le pedí su Biblia —que siempre llevaba encima— para localizar un versículo que quería mostrarle. Sin embargo, al abrirla, casi se me cayó al suelo un papel que tenía entre las páginas, donde pude ver que había apuntado el nombre de algunas personas. Devolviendo la hoja a su lugar, le pregunté:

—¿Son tus seres queridos?

—En realidad, no —respondió mi contertulio—. Son los nombres de las personas que alguna vez me hicieron daño. Los he apuntado en ese papel y cada noche rezo por ellos, para que Dios los bendiga y a mí me enseñe a perdonarlos.

Debo confesar que sus palabras tocaron algo en mi interior. Aunque Jesús animaba claramente a rezar por nuestros enemigos, nunca había tomado aquella enseñanza de manera literal.

—La única manera de tener paz en el alma, es aprendiendo a perdonar. —Siguió mi amigo—. Y la mejor manera de hacerlo es rezar para que las personas que nos han hecho daño, alcancen la felicidad.

Escuchándolo recordé que el budismo animaba a hacer exactamente lo mismo. Según las enseñanzas del príncipe Siddhartha, los seres cometen acciones desafortunadas movidos por sus deseos y su mal karma. Alguien herido, querrá herir a los demás. Pero alguien sano y feliz, intentará compartir su felicidad con el resto, de ahí que desear que todos los seres alcancen la felicidad es la mejor manera de quedarnos sin enemigos.

42

Allí, en el Cuerno de África, un misionero cristiano me explicó que nada de lo que Jesús enseñó, puede considerarse trivial. Su Dharma es un camino angosto, difícil de seguir, de la misma manera que es extraño rezar por quienes te han hecho daño. No obstante, si consigues abrir tu corazón completamente y llegas a hacerlo, habrás dado cobijo en ti al Cristo que todos llevamos dentro y tu alma se elevará hasta llegar a la derecha del Padre.

— El Dharma es la sabiduría que se puede experimentar.

De nada nos valdrá andar repitiendo por ahí las palabras de los maestros si no las hemos aprehendido nosotros mismos. El Dharma real no es el Dharma de Jesús, ni el de Buda, ni el de ningún otro, sino el que nosotros hayamos experimentado.

En cierta ocasión le preguntaron a un famoso monje qué prefería, aprender la sabiduría de todos los Budas o la realización espiritual de una sola de las enseñanzas del Dharma. A lo que el monje contestó:

—Llevo decenas de vidas enseñando la sabiduría de los Budas, pero sigo atrapado en el ciclo de las reencarnaciones. Si tuviera la experiencia personal de cualquiera de esas enseñanzas en mí, quizás habría alcanzado la iluminación mucho tiempo atrás.

— Al comprender el Dharma, el corazón se mueve naturalmente con el deseo de ofrecérselo a otros.

Una de las características de haber encontrado el Dharma verdadero es que nacerá en nosotros la compasión y el anhelo de transmitirlo, así como el respeto para todos aquellos que no estén interesados en escucharlo, puesto que cada quien es dueño y señor de su destino.

Sentado junto al mar, Jesús contó que:

Una vez, un campesino salió a sembrar. Y mientras sembraba, parte de la semilla cayó junto al camino. Entonces vinieron las aves y se la comieron. Parte también cayó entre pedregales, donde no había mucha tierra. Y, aunque brotó pronto, cuando el sol salió, se marchitó, ya que no tenía la raíz fuerte. Parte cayó entre espinos, y los espinos crecieron y la ahogaron. Pero otra parte cayó en buena tierra y dio mucho fruto.

Luego explicó:

La semilla que cayó junto al camino es como la persona que, aunque haya escuchado las enseñanzas del Dharma, pronto las olvidará, ya que no tiene a Dios en su corazón. La que cayó entre pedregales es como la persona que, cuando oye el Dharma, se alegra; pero al momento se le olvidan las enseñanzas, puesto que en realidad no tiene la voluntad de seguirlas. La que cayó entre espinos es como quien oye la palabra y la pone en práctica durante algún tiempo, pero luego la olvida seducido por los engaños de este mundo. Sin embargo, el que fue sembrado en buena tierra es el que oye y entiende el Dharma con el deseo de cultivarlo en su corazón para siempre.

Más tarde también advirtió:

¿De qué le vale al hombre ganar el mundo entero si a cambio pierde su alma?

—El auténtico Dharma reporta beneficios inmediatos.
De la misma manera que si encendemos una luz, la oscuridad desaparecerá inmediatamente, un paso hacia el camino del Dharma nos llenará de luminosidad. No hay que esperar a morir para ir al cielo. Podemos traer el cielo a nuestra vida. Seguir las huellas de los maestros es la mejor manera de alcanzar la iluminación. Mediante la imitación de Cristo, nuestro carácter irá pareciéndose cada vez más al suyo. Nuestro corazón se irá haciendo cada vez más grande, como el suyo. Incluso nuestra apariencia física cada vez se parecerá más a aquel que hace más de dos mil años nació en un pesebre y se convirtió en la luz del mundo.
Jesús dijo:

Nadie enciende una lámpara para luego ponerla en un lugar escondido o cubrirla con un cajón, sino para ponerla en una repisa, a fin de que los que entren en la casa tengan luz. Tus ojos son la lámpara de tu cuerpo. Si tu visión es clara, todo tu ser disfrutará de la luz. Pero si está nublada, todo tu ser estará en la oscuridad. Asegúrate de que la luz que crees tener no sea oscuridad. Por tanto, si toda tu alma disfruta de la luz, sin que ninguna parte quede en la oscuridad, estarás completamente iluminado.

Lucas 11:33-36.

—El Dharma es bueno al principio, en el medio y al final.

Como la luz no contiene oscuridad, el Dharma tampoco es capaz de albergar ningún tipo de sombra.

Jesús afirmó:

> No es buen árbol el que da malos frutos, ni árbol malo el que da buen fruto. Porque cada árbol se conoce por su fruto; pues no se cosechan higos de los espinos, ni de las zarzas se vendimian uvas. El hombre bueno, del buen tesoro de su corazón, saca lo bueno. Y el hombre malo, del mal tesoro de su corazón, saca lo malo.

cas 6:43-45.

—El Dharma es universal.

La verdadera sabiduría es capaz de beneficiar a cualquier persona, de cualquier raza, religión, nacionalidad o filosofía. Como veremos a continuación, el Dharma de Jesús es increíblemente semejante al de Buda o Krishna, y no porque Jesús haya estudiado las palabras de los dos primeros, sino porque los tres llegaron al mismo lugar y así lo describieron luego a sus vecinos, con un lenguaje que sus discípulos pudieran comprender.

Si Jesús hubiera hablado del karma a los habitantes de la Palestina del siglo I, nadie hubiera entendido ni una sola palabra. Por eso, en lugar de llamarlo karma, habló de la justicia divina, que es la misma realidad, pero expresada con palabras distintas.

Cuentan que cierto día, un hombre inspirado por Dios, al ver pasar a Shams de Tabriz —uno de los más grandes místicos del islam—, gritó a los cuatro vientos:

—¡No hay más dios que Dios y Shams es el mensajero de Dios! —Al oírlo, la plebe se le echó encima queriendo asesinarle por haber cometido blasfemia, ya que no puede haber otro mensajero de Dios después de Mahoma.

No obstante, Shams lo sacó de allí rápidamente y le advirtió:

—Amigo mío, mi nombre también es Mahoma, así que deberías haber gritado: Mahoma es el mensajero de Dios, porque los fanáticos no aceptan oro que no esté acuñado.

Karma

Nuestra existencia está llena de condicionamientos creados no solo en esta vida, sino en multitud de vidas pasadas. Esas huellas se llaman karma y son el resultado de nuestras acciones pasadas y presentes, las cuales tendrán también su eco en el futuro.

De la misma manera que quien planta semillas de rosas podrá recoger rosas cuando llegue el momento oportuno; por lo que hemos plantado en nuestro pasado, podremos adivinar cómo será nuestro devenir. Que nos hayamos dejado arrastrar por estas ruedas de acción y reacción es lo que nos ha obligado a renacer una y otra vez en los reinos del sufrimiento, teniendo que degustar los frutos amargos de nuestras anteriores existencias. Un antiguo refrán oriental afirma: «Como los demás te traten, es su karma. Como tú reacciones, es el tuyo».

Debemos entender que el karma no solo es la acción en sí, sino también sus consecuencias en todo lo que nos rodea. Si mentimos acerca de otra persona, en el futuro alguien mentirá sobre nosotros. Si esa mentira supuso que alguien perdiera su trabajo, en el futuro nosotros también perderemos el nuestro. Si el fruto de nuestros engaños arruinó la vida de alguien, no esperemos que el destino nos dé días de vino y rosas.

A este respecto, Cristo advirtió:

Oísteis que fue dicho a los antiguos: «No matarás»; y cualquiera que mate será culpable de juicio. Pero yo os digo que cualquiera que se enoje contra su hermano, será culpable de juicio. Y cualquiera que le diga a su hermano necio, será culpable ante el concilio. Y cualquiera que le diga tonto, quedará expuesto al infierno del fuego. Por tanto, si traes tu ofrenda al altar, y allí te acuerdas de que tu hermano tiene algo contra ti, deja allí tu ofrenda delante del altar, y anda, reconcíliate primero con tu hermano, y entonces ven y presenta tu ofrenda. Haz pronto las paces con tu karma, entre tanto estés en el camino, no sea que tu adversario te entregue al juez del destino y seas echado en la cárcel. De cierto te digo que no saldrás de allí, hasta que hayas pagado el último centavo de lo que hiciste.

MATEO 5:21-26.

En diferentes ocasiones veremos al hijo de María decir: «No juzguéis y no seréis juzgados. Porque con el juicio con el que juzgaseis, seréis juzgados; y con la medida con que midierais, seréis medidos». Lo que no deja de ser una maravillosa explicación de lo que es el karma. Incluso en la oración del padrenuestro encontramos otro ejemplo semejante al declamar: «Padre, perdona nuestras deudas, como también nosotros perdonamos a nuestros deudores».

Una vieja tradición hindú asegura que, en cierta ocasión, un pobre pastor de ovejas, deseando agradar a Yama —el señor de la Muerte—, le ofreció en sacrificio a su propio hijo. El espíritu de Nachiquetas, que es como se llamaba el joven, después de estar tres días en el sepulcro, por fin pudo entrar en el palacio del señor de la Muerte, quien, para compensar su larga espera, quiso concederle tres deseos:
—Primero —dijo el joven—, quiero que mi padre sea feliz y que me reconozca si alguna vez volvemos a encontrarnos.
—¡Concedido! —dijo Yama instándole a continuar.
—Segundo, quiero que me reveles la sabiduría de los reinos superiores donde tu presencia no es temida.

Entonces Yama le mostró las puertas por las que entran los eruditos tras haber superado a los guardianes de los reinos celestiales y le enseñó también las preguntas y respuestas para poder superar sus pruebas.

—Tercero —continuó Nachiquetas—, ahora que sé cómo no temer a la muerte, quiero saber cómo puedo evitarte para siempre.

Ante este deseo, Yama palideció y dijo:

—Nachiquetas, esto no es asunto que los hombres puedan comprender en un día, ni en una vida, ni en miles. Esa sabiduría está oculta incluso para los sabios de la antigüedad, por tanto, te ofrezco miles de palacios, hijos, mujeres y riquezas para que puedas disfrutar de ellos a tu antojo.

Pero Nachiquetas respondió:

—¿De qué me sirven a mí todos los placeres de los sentidos si sé que algún día se acabarán? ¿De qué me valen todas las riquezas cuando tú apareces?

Sin embargo, Yama siguió insistiendo:

—Has hablado sabiamente, pues quien busca el gozo temporal de los sentidos se aparta del camino de la sabiduría y así cae una y otra vez en mis manos porque piensa que, aparte de lo que puede percibir, no hay nada más. Pero veo que Nachiquetas es distinto. No obstante, Nachiquetas puede comprender que, recorriendo el camino del buen karma, será útil a muchos seres, a quienes podrá ayudar a salir del sufrimiento, por lo cual te ofrezco eso.

Pero el joven siguió reflexionando:

—Buen karma, mal karma…, todo es sufrimiento. Si lo que el señor de la Muerte me ofrece pudiera ayudar a una sola persona, quizás merecería la pena, pero creo que solo estaría cambiando mi suerte durante un breve espacio de tiempo. ¡No, noble Yama! El buen karma se gastará, el mal karma se gastará, pero el sufrimiento prevalecerá sobre ambos. Por tanto, te pido que cumplas tu palabra y me concedas mi tercer deseo.

Yama, obligado por su honor, tuvo que ceder:

—Querido joven, quien habla de Dios, es grande; porque todos los que yo engullo no conocen a Dios. Aunque han oído su Nombre, no se han interesado y no han querido saber nada de Él…, por eso son mi alimento. Por tanto, Nachiquetas debe seguir el sendero del Dharma que hace de tres Uno. En el Dharma se disuelve el que actúa, la acción y su efecto. En el Uno, el amante, el amado y el amor dejan de verse como separados. El Dharma te conducirá hacia el conocimiento del Uno y a la extinción de la ignorancia y del sufrimiento. Por eso, quien actúa movido por las buenas obras y la fe en esta determinación, se convierte en OM. Quien se une a Dios, comprende que no ha nacido ni muerto. Si el verdugo piensa que mata y el muerto considera que está muerto, se equivocan. Quien ha llegado a las puertas del Uno, nunca ha matado ni muerto. Nachiquetas, en el Uno eres más pequeño que pequeño, y también eres mayor que grande; pues así es que vive Dios en el corazón de todas las criaturas. Sentado, viaja lejos. Tumbado, está en todos los sitios. Quien lo conoce, vence al miedo, al dolor y a la ignorancia. Su cercanía no se obtiene por explicación, ni por intelecto, ni por mucho leer las Escrituras. Al contrario, a quien Él elige, a este le es revelado. Cuando todos los deseos que hacen que el corazón se separe de Dios desaparecen, el mortal se hace inmortal y se convierte también en Dios. Cuando cada nudo en el corazón se suelta, entonces se es libre para ganar el Amor Infinito. Hasta aquí es mi enseñanza para ti, Nachiquetas, y de esta forma he cumplido con mi palabra.

Así, habiendo aprendido la sabiduría superior enseñada por Yama, Nachiquetas entró en el Brahmán y fue liberado de la muerte.

Katha Upanishads.

A veces, las personas que están pasando una mala situación me preguntan qué pueden hacer para salir rápidamente de sus problemas, les aconsejo que hagan actos de bondad, ya que, por la ley del karma, solo la virtud y la compasión pueden alejar la desdicha. Desafortunadamente, la mayoría no me hace caso y van en busca de algún sortilegio, ritual o amuleto que los libere de su destino. En el karma hay ego, calculadora y cuentas. Sin embargo, en el Dharma solo hay Dharma.

Cuando el *yo* se apodera de un proceso y lo identifica como suyo, está creando karma, ya que está alimentando el reino de la ignorancia, de lo condicionado. Sin embargo, el Dharma es todo lo contrario, pues trata de ver las cosas tal cual son, cambiando la frase «esto lo he hecho yo» por «esto está sucediendo a través de mí». Jesús lo resume a la perfección cuando dice: «Padre, hágase tu voluntad y no la nuestra». O mejor aún, «que tu voluntad sea la nuestra».

El Dharma anula al ego, mientras que el karma lo va creando. Nosotros somos la consecuencia de nuestro karma pasado, de la misma manera que lo que seremos vendrá condicionado por el karma que estamos forjando ahora, momento a momento.

En Occidente hemos roto la unidad corporal, mental y espiritual del ser humano. Hemos hecho añicos nuestra verdadera identidad, de la misma manera que consideramos diferente el hecho de vivir, el viviente y la vida. Esto ha dado lugar al nacimiento del ego, una identidad que, amparada en esta ruptura, se siente desvinculada de todo aquello que le rodea y trata de defenderse de un mundo que, en lugar de acogerlo con amor, no deja de amenazar su existencia.

El que despierta del largo sueño de la separación y gana la experiencia de la unión integral con el ser supremo, nunca más se identificará con los personajes que ha interpretado en esta vida o a lo largo de sus diferentes existencias. Así, la vida y la muerte pasarán a ser sueños y despertares. Un misterio que libera a todo aquel que lo desvela, al igual que el fuego convierte en fuego todo lo que toca, haciéndolo uno consigo mismo.

Llegados a este punto, el ser humano puede sumergirse en lo conocido y además en la experiencia misma del conocer. Descubriendo que aquello en lo que uno se sumerge está más allá del tiempo y del espacio, las palabras *permanente* o *eterno* ya no se aplicarán más al ego, sino tan solo a Dios, revelándosenos que el ego nunca ha existido realmente.

Aunque lo asociemos a nuestra propia identidad, el ego no es más que un mal sueño. Una ilusión de la mente que, seducida por la ignorancia, ha creado una realidad alternativa en la que nos complacemos en permanecer. La sensación de una existencia independiente del todo es el reflejo en una mente separada de la realidad, por lo que se asemejará al viajero que, siguiendo un espejismo, nunca llega a su destino. O incluso al sediento que, bebiendo agua salada, no puede sofocar su sed.

En esta ilusión, lo ilimitado y lo limitado están confundidos y se toman como lo mismo. Curiosamente, Jesús dijo: «Quien beba de mí, nunca más volverá a tener sed». Es decir, que quien salga de esa matriz y se funda en la conciencia divina, nunca más volverá a confundir el amor con un sucedáneo del amor. El yogui, manteniendo la mente y el corazón reflexionando sobre esto, podrá concluir que debe existir un interés y un esfuerzo sostenido para volver a recordar lo que debe ser recordado.

La esencia de Buda o el Cristo interior

Liberándonos de los deseos mundanos, transmutando la conciencia individual y rompiendo las cadenas del samsara, podremos llegar a convertirnos en un Buda o en un Hijo de Dios. Y es que la esencia de Buda, el Reino de los Cielos y el nirvana no son más que la misma realidad, pero expresada de distinta manera.

Buda es la palabra en lengua pali que describe el estado espiritual y mental de quien ha superado todas las pruebas de este mundo ilusorio y ha despertado a la realidad divina que se esconde en su propio ser. De ahí que el sobrenombre de Buda se haya dado a innumerables seres a lo largo de la historia, puesto que Buda significa sencillamente «el que ha despertado».

La iluminación y el despertar devienen cuando vamos quitando la oscuridad de nuestra mente, echando fuera todo rastro de la ignorancia que nos mantiene en hibernación ante el milagro de la vida que nos rodea.

Desde el principio de los tiempos, el ser humano ha buscado el silencio para comunicarse con lo sagrado y con lo divino. Y cuando se ha adentrado en ese estado de escucha, ha cantado, bailado o tocado instrumentos, para poder transmitir el secreto de lo que había en su interior.

Conociéndose a sí mismo, ha descubierto que Dios es silencio y el amor es su canción. Y de este original sonido han surgido los colores, los números, las letras, las rayas del tigre, las manchas del leopardo y el perfume de la flor. Todo lo que tiene existencia tiene su canción, y todo lo creado viene del amor.

Según la poetisa Tolba Phanem, cuando las mujeres de cierta tribu africana saben que están embarazadas, se retiran a orar bajo la sombra de algún árbol hasta que la canción de sus hijos les es revelada. Entonces vuelven a su pueblo y se la enseñan a todo el mundo para que puedan cantarla cuando el niño esté a punto de nacer. Después, a medida que el pequeño vaya creciendo, irá aprendiéndola también, de manera que su canción le acompañará siempre. Si alguna vez se pierde en el samsara, el pequeño solo tendrá que buscar un lugar apartado, recordar la letra de su canción y volverla a cantar para regresar al camino correcto.

Como los niños de esa tribu, nosotros también hemos olvidado nuestra canción. Por eso debemos buscar un lugar apartado, sentarnos, recordar nuestra melodía y volverla a cantar. Jesús nos invitó a entrar en nuestros aposentos, quedarnos a solas, cerrar la puerta y buscar en lo secreto el secreto que llevamos en nuestro interior (Mateo 6:6).

Samsara

El samsara es la prisión de los sentidos que se han atado al mundo fenoménico. El hombre moderno piensa que la felicidad cuesta mucho dinero, por eso debe madrugar todos los días para ir a trabajar en un oficio que odia para pagar una casa en la que descansar del enorme esfuerzo que hace por tener que madrugar todos los días para ir a trabajar en un oficio que odia. Esto es el samsara. Una rueda de sufrimientos en la que estamos sumergidos y cuyo movimiento hipnótico nos impide ver la realidad para poder salir de ella.

Buscar la felicidad en el samsara es como perseguir nuestra sombra corriendo tras ella. No nos damos cuenta de que, si caminásemos hacia el sol, hacia la iluminación, nuestra sombra nos seguiría adonde quiera que fuésemos.

El mundo material nos cansa, nos fastidia, nos hastía y nos enferma…, pero nosotros le servimos porque pensamos que el alma no existe o que la felicidad es solo para la otra vida. No hemos comprendido que la otra vida y esta vida son una misma vida. Y que si somos infelices aquí, también sufriremos allá donde vayamos, porque el sufrimiento depende de uno mismo, no del lugar donde estemos.

Jesús dijo: «Buscad primero el Reino de Dios y su justicia, y todo lo demás se os dará por añadidura». Pero el ser humano no le ha creído.

La primavera no vendrá antes porque hagamos grandes esfuerzos en perseguirla. Pero si continuamos con nuestra vida apaciblemente, a su debido tiempo, ella nos encontrará a nosotros. Jesús también dijo que para entrar en el Reino de los Cielos debemos ser como niños. Es decir, que debemos recuperar nuestra humildad e inocencia perdida. Únicamente un niño es capaz de creer que un hombre puede hacer milagros. Únicamente un niño puede creer que alguien es capaz de multiplicar mágicamente cinco panes y dos peces, o andar sobre las aguas, o devolverle la vista a un ciego, o sanar a un leproso, o levantar de su silla a un paralítico... Únicamente un niño puede creer que un hombre pudo morir y resucitar al tercer día. Es por eso que debemos recordar que, hace algún tiempo, nosotros también fuimos niños y esforzarnos por recuperar el puesto que dejamos libre a la vera de Jesús.

Cuando el niño se metió la mano en el bolsillo, su padre le preguntó:

—¿Qué escondes ahí?

El pequeño, balbuceando, contestó:

—¡Un dragón!

—Como me sigas mintiendo tendré que castigarte —dijo el padre—. Te lo volveré a preguntar ¿Qué escondes en el bolsillo?

—Ya te lo he dicho, papá, un dragón largo con cabeza de león y cuerpo de serpiente que cuando se enfada escupe fuego.

Entonces el hombre, visiblemente enfadado, se fue hacia el pequeño y lo zarandeó.

—¡Te lo voy a preguntar por última vez! ¿Dime ahora mismo qué llevas ahí?

Pero el niño, soltándose de su padre, sacó el dragón de su bolsillo, se montó en él y se marchó volando al país de los sueños.

Cuando un niño hace algo, lo hace de corazón. Cuando corre a nuestros brazos, no hay hipocresía ni orgullo en su mirada. Cuando se acurruca en nuestro regazo es porque se siente protegido. Cuando tiene hambre o sueño, acude a nosotros porque sabe que le daremos todo lo que necesite. Y cuando insiste para que juguemos con él, es porque le importamos mucho…, quizás más de lo que podamos imaginar.

Solo un gran maestro podría poner un ejemplo tan sencillo y a la vez tan maravilloso para poder liberarnos de nuestro ego, volviendo a ser niños otra vez. De hecho, puede que el único motivo para reencarnar sea recuperar la inocencia que tuvimos cuando éramos pequeños.

El encuentro con el gurú

Un antiguo aforismo alega que quien no tiene maestro, el diablo es su maestro… y puede que tenga razón. Gurú es una palabra compuesta por dos conceptos: *gu*, que significa oscuridad; y *ru*, que significa luz. Las dos juntas representan el tránsito de la oscuridad hacia la luz. Un tránsito que, al menos en la India, debe hacerse de la mano de un maestro que haya recorrido ese sendero y que pueda, por tanto, conducir a otros hacia la liberación.

Un maestro es el sagrado objeto que Dios utiliza como medio para enseñar a los seres humanos los caminos de la santidad, por tanto, puede considerarse una flecha en manos del Divino Arquero. Con todo, en última instancia el verdadero maestro es Dios, quien, al estar enamorado de nosotros, es capaz de vestirse con cualquier disfraz para conseguir que le encontremos, le amemos y le adoptemos.

Así las cosas, el noviciado también es una estación espiritual que muy pocos podrán alcanzar, pues el ego siempre trata de arruinar lo mejor de nuestras vidas, dudando y transformando la realidad de mil maneras diferentes. El discípulo, para considerarse como tal, debe demostrar que es merecedor de su maestro, superando toda una serie de pruebas de fidelidad, como por ejemplo ser leal a sus enseñanzas, no traicionar su memoria y alejarse de aquellos que hablen mal tanto del Dharma como del gurú.

Un verdadero maestro no suele pedirnos que hagamos nada, sino más bien que dejemos de hacer todo aquello que nos aparta de la felicidad. El verdadero maestro no nos enseña nada, sino más bien nos ayuda a recordar lo que siempre hemos sabido, pero habíamos olvidado. El verdadero maestro no nos conduce hacia otro lugar que no sea nuestro propio ser, ni nos pide que busquemos otra cosa que a nosotros mismos… hasta que comprendamos que el paraíso no es un territorio del cielo, sino un lugar dentro del alma. Es a ese lugar adonde el maestro te invita a entrar, puesto que te conoce incluso mejor que tú mismo.

Un auténtico gurú carga en sus hombros el karma negativo de sus alumnos como si de una cruz se tratase. Carga con la frustración, el sufrimiento, la ignorancia y el egoísmo de sus discípulos hasta que transmuta esa oscuridad y la convierte en dicha. El maestro debe asumir aquello de lo que se ha liberado y purificarlo en su propio ser. A pesar de lo que muchos piensan, no es suficiente con la difusión de las enseñanzas más elevadas, el gurú también debe asumir las faltas de aquellos a quien elige sin la garantía de que ninguno consiga finalmente alcanzar la iluminación.

Para que una persona pueda cumplir la función de maestro es necesaria una doble condición. Que haya recibido el permiso de otro maestro, y que, al mismo tiempo, haya recibido la confirmación divina que lo autorice a enseñar. Curiosamente, encontramos que Cristo cumplió estas dos condiciones en su bautismo. Primeramente acudiendo a un hombre santo, Juan el Bautista, para recibir su bendición. Y luego cuando Dios abrió los cielos e hizo descender sobre él al Espíritu Santo en forma de paloma para atestiguar que Jesús era su hijo.

Un gurú es un hombre o mujer que se ha asesinado voluntariamente a sí mismo y ha resucitado en Dios, de ahí que Jesús dijera: «Si alguno quiere venir en pos de mí, que se niegue a sí mismo, tome su cruz y me siga», Mateo 16:24. Y luego resucitó al tercer día.

El gurú es, ante todo, un educador espiritual y un mediador perfecto que nos pone en contacto con esa realidad divina de donde somos originarios. Es quien ha tenido la experiencia de Dios y puede hablar de ello.

> Un monarca le dijo a un santo:
> —Cuando Dios se manifieste y se aproxime a ti, acuérdate de mí.
> Entonces el santo respondió:
> —Cuando llego a su presencia y los rayos del sol de su belleza me iluminan, ya no puedo acordarme ni de mí mismo, ¿cómo podría acordarme de ti? —Sin embargo siguió—: Cuando Dios elige a un servidor y lo consume en su presencia, si alguien se acerca al faldón del vestido de este servidor, y le hace un pedido, a pesar de que este intermediario no lo llevará ante Dios para que exponga su deseo, Dios igualmente se lo concederá por amor a su servidor.
> *Fihi-Ma-Fihi*, Mevlana Djalal al-Din Rumi.

Vivir el presente

Otro de los puntos en común entre la tradición budista y las enseñanzas de Jesús es la importancia de vivir en el presente. Al menos en dos ocasiones, el hijo de María *aconsejó* a sus *discípulos que no dej*asen pasar el aquí *y* el ahora. Mateo recoge estas palabras en su evangelio que, como ya viene siendo habitual, son la síntesis más perfecta de *cómo vivir* en la presencia plena: «Así que no os afanéis por el día de mañana, porque el día de mañana traerá su afán. Bástele a cada *día con* su problema».

Es costumbre que, en los *ashram*, el devoto dedique parte de su tiempo a realizar labores comunitarias, por lo que cuando visité Chipre para estudiar junto a un afamado maestro, cada mañana acudía a la cocina y me ponía al servicio de Mehmet, el cocinero. En unos cinco o seis metros cuadrados se agolpaban decenas de cacerolas, sartenes y ollas de gran tamaño que poníamos bajo los fuegos para que los alimentos hirvieran. Su sonrisa hacía que el duro trabajo siempre fuera más llevadero.

Al principio, cada vez que hacía cualquier cosa, aunque solamente fuera cortar unos puerros, buscaba su aprobación. Algo más tarde, cuando ya había ganado un poco de manejo con los utensilios de cocina y quería enseñarle el resultado de mi trabajo, Mehmet sencillamente me ignoraba, cantando y bailando entre los pucheros y fogones... De esa manera comprendí que las cosas deben hacerse con esfuerzo, pero sin esperar resultado alguno, ni tampoco buscando la aprobación de otros.

En ocasiones, Mehmet me preguntaba en cuántos trozos había partido los puerros o los tomates o las zanahorias. Y si estaba atento, no tenía problema en decírselo. Pero si me pillaba distraído, me inventaba una cifra. Sin embargo, él siempre me corregía y me regañaba diciendo:

—Es una pena que hayas venido hasta aquí pero no te hayas traído tu mente contigo. ¿Por qué la dejas escapar a otros mundos cuando lo único que existe es el aquí y el ahora?

Un viejo dicho oriental asegura que el ayer ya ha pasado y el mañana está por llegar, pero el ahora es nuestro. Curiosamente, estar presentes en el aquí y en el ahora es una tarea harto difícil, dada la tendencia indómita de la mente a viajar hacia atrás y hacia delante. No obstante, si dejamos que la vida se nos escape entre las manos, ¿cuándo la viviremos? Quizás el paraíso se encuentre en esos pequeños momentos que dejamos pasar sin apenas darnos cuenta.

Tenemos una vida que merece ser sentida. Tenemos un planeta que merece ser querido. Tenemos un alma que merece ser buscada. Y tenemos un tiempo que deberíamos aprovechar. El maestro de Nazaret, en el padrenuestro, le pide a Dios el pan de cada día. No pide el pan de la semana que viene, ni el del mes entrante, sino el de cada día, puesto que nadie sabe cuándo tendremos que dejar esta vida y partir hacia otros mundos. Aunque esta realidad incomoda a la mayoría, muchas personas se acostaron ayer pensando que todavía tenían mucho tiempo, y sin embargo por la mañana su nombre apareció escrito en mármol.

Cuando pregunto a alguno de mis alumnos, cómo sería su día ideal, la mayoría me dice que lo pasaría en compañía de sus seres queridos, haciendo cosas divertidas y aprovechando el tiempo entre sonrisas y caricias. Luego, cuando les pregunto si han hecho eso hoy, me responden que no, que lo harán mañana o pasado. Es como si estuvieran posponiendo la felicidad siempre para un mañana que creen asegurado.

Contaban en el *ashram* de Chipre que en cierta ocasión un santo se encontró con el diablo y este le preguntó:

—¿Cuál es la peor mentira que le has dicho al ser humano?

A lo que el diablo contestó:

—Les he hecho creer que tienen mucho tiempo.

Prestando oídos al príncipe de las tinieblas, vivimos como si tuviésemos el mañana comprado, perdiendo el tiempo en tareas sin sentido y molestándonos por cosas que no tienen importancia. Pero ¿qué pasaría si supiésemos que hoy es el último día de nuestra vida? ¿Seguiríamos actuando igual o aprovecharíamos hasta el último segundo que marca el reloj?

Si quieres seguir mi consejo, que es en realidad el consejo de todos los gurús que he conocido, incluyendo a mi querido Jesús, deja de perder el tiempo y detente a oler el perfume de las flores, el aroma del café y la brisa de la mañana. Vuelve a otorgarle valor a las pequeñas cosas, porque el paraíso está repleto de pequeños instantes llenos de ti, mientras el infierno está lleno de esos momentos que dejaste pasar sin estar presente.

Cuentan que cuando Jesús estaba a punto de entregar el alma, llamó a Juan y le dijo:

—Juan, sube a la cruz conmigo.

Juan se quedó sorprendido, miró a izquierda y a derecha, y protestó:

—Pero señor, ¿y los soldados romanos?

—No te preocupes por ellos —respondió el maestro—. Necesito que subas aquí ahora mismo.

Timorato, el discípulo cogió una escalera, la apoyó en el madero y subió hasta ponerse a la altura de Jesús. Justo en ese momento, Jesús señaló con la mirada el horizonte y dijo:

—Mira, detrás del Templo está el huerto de Getsemaní. Hace unos instantes nosotros estábamos allí. Las aceitunas de los olivos ya están maduras y son grandes, los árboles son tan frondosos; seguro que producirán un aceite delicioso. Ahora quiero que mires un poco más arriba. Allá, en Betania, se encuentra la casa de Lázaro, de María y de Marta. María está dándole de comer a los pajarillos mientras Marta hornea el pan. ¡Nadie hace el pan como ella! Es delicioso. Lázaro está intentando coger los huevos de las gallinas que hay en el corral. ¡Todo es tan pacífico! A mano derecha se encuentra la habitación donde nosotros cenamos. La mesa todavía está puesta y Pedro está escondido debajo. Tiene miedo. Cree que estoy enfadado con él. Dile que no tenga miedo, que todo está bien, que no estoy enfadado. Un poco más allá el borriquito con el que hace unas semanas entramos en Jerusalén está pastando. A su lado están pasando muchas personas, cada cual lleva su cruz a cuestas. ¡Si supieran cuánto las amo! Ahora quiero que alces un poco más la mirada y que veas el lugar donde viví cuando era pequeño. Allí se encuentra la carpintería de José, mi padre. Él me lo enseñó todo antes de irse. Mis familiares todavía están trabajando en ella. Si prestas atención, incluso podrás escuchar cómo sierran la madera. ¡Es todo tan hermoso! Al otro lado está Cafarnaúm y el mar de Galilea, donde te conocí a ti y a tu hermano, y también a Simón y a Andrés. Aún puedo respirar el perfume del mar y mecerme con sus olas. —Jesús hizo una pausa, dio un largo suspiro y luego siguió—: Juan, me queda poco tiempo de vida, pero no quiero que olvides esto que acabas de ver. No quiero que olvides que yo estoy en todos estos lugares, como estoy también en vuestros corazones. Quiero que bajes y se lo digas a nuestros amigos. Que yo no me he marchado. Que sigo comiendo el pan de Marta, que sigo caminando por los campos de Galilea, que sigo disfrutando del perfume del mar y trabajando en la carpintería de José. Siempre que me recordéis de corazón, estaré con vosotros y no habré muerto. Esa es la única forma que tengo de resucitar. —Juan entonces bajó de donde estaba, miró a Jesús a los ojos y empezó a llorar. Jesús lo miró por última vez con compasión y ternura, cerró los ojos y dijo—: Todo está consumado.

Las mil formas distintas de un solo Dios verdadero

«¿No has oído su paso silencioso? Él viene, viene, viene eternamente. A cada instante, en todas las épocas y edades. Cada día, cada noche, cada madrugada, él viene, viene, viene desde siempre». Rabindranath Tagore.

Cuando salí de la catedral, volví a telefonear a Rajesh para pedirle que me recogiera en la entrada del santuario, donde algunos mercaderes ambulantes de fruta y conductores de *ricksaws* ofrecían sus servicios a los viandantes sin demasiado éxito. A los pocos minutos, el Premier Padmini negro de mi chófer y amigo hizo su aparición para rescatarme de los mendigos y curiosos que poco a poco iban arremolinándose a mi alrededor para preguntarme de dónde era, qué había venido a hacer a la India y para intentar sacarme alguna que otra rupia con la que poder subsistir al menos un día más.

Una vez dentro del automóvil, le propuse a Rajesh que fuésemos primero a almorzar y que luego me llevase a algún templo de confianza, donde no hubiera demasiada gente, para así poder meditar un rato sin ser molestado.

Si en Roma es normal encontrar una iglesia en cada barrio, en Delhi puedes tropezarte con un santuario —*mandir*— en cada esquina. La gran variedad de creencias, y las diferentes interpretaciones del Advaita Vedanta, hacen que cada lugar sagrado sea diferente al resto, por lo que en algunos templos permiten la entrada a los turistas, mientras que en otros prefieren que los extranjeros se mantengan fuera de los límites de la vivienda de los dioses.

Análogamente a los santuarios judíos o cristianos, los hindúes consideran que el templo es el hogar de la divinidad en cualquiera de sus manifestaciones, así que para acceder a él es necesario respetar ciertas normas de conducta básicas, como descalzarse antes de entrar, vestir de forma discreta, ir siempre bien aseados, no tomar fotografías del interior y sobre todo no pisar el umbral de la puerta.

Cada templo suele estar dedicado a una deidad particular, cuya representación —*murti*— preside el habitáculo más sagrado, el cual reconoceremos por la gran cantidad de ofrendas de flores, alimentos, frutas y guirnaldas que se esparcen a su alrededor e incluso por el suelo.

Cuando alguien desea entrar en ese sacrosanto espacio es para contactar directamente con la divinidad —*dàrsana*—, por lo que los brahmanes recomiendan que la miremos directamente a los ojos y que la saludemos con las manos juntas a la altura del corazón, en *pranam*.

A través de la meditación —*dhyana*—, la adoración a la imagen que representa el aspecto de Dios con el que estemos vinculados —*ishta devata*—, incluso mediante la recitación de mantras —*japa*—, el devoto podrá librarse de las cadenas que lo tienen atado al mundo de la individualidad y del egoísmo para trascender hasta convertirse en un reflejo de Dios en la tierra, como sucedió con Jesús.

Así, cada quien debe ofrecer a la divinidad aquello a lo que esté más apegado para que se purifique. De esa manera, lo que se ofrece no es algo material. Ya que nuestra mente se apega a la ofrenda, es nuestra propia mente el sacrificio perfecto, la cual dejamos a los pies de Dios o como guirnalda alrededor de su cuello, para que, en lugar de estar sujetos a lo que hemos ofrecido, nuestra mente se funda y se apegue a la deidad.

A pesar de que los occidentales creemos que la tradición espiritual de la India es politeísta, eso no es del todo correcto. Los antiguos manuscritos cuentan que el Brahmán —o Parabrahmán— es el principio universal supremo que sostiene toda la creación dentro de sí mismo.

El mayor atributo del Brahmán es que está solo. No hay otros dioses con él porque no hay nada ni nadie que se le pueda comparar. Para comprender que el Brahmán está por encima de su creación, debemos entender que los tres tiempos no son Dios, sino creaciones de Dios. Que el reino inmaterial, el reino del deseo y el reino de la forma —*trilokas*— no son Dios, sino creaciones de Dios. Y que los santos y los gurús no son Dios, sino criaturas que él ha inspirado.

En su aspecto más trascendental, el Brahmán carece de forma, puesto que todas las formas están dentro de él, por lo que ni siquiera la trimurti es Dios en total plenitud, sino solo tres de sus cualidades.

> Hassan Bari contaba que un día estaba en la terraza de su casa y oyó a la mujer de su vecino que gritaba:
>
> —Hace cincuenta años que vivo en tu casa, siempre de buen humor, tanto en la abundancia como en la escasez. Hiciera frío o calor, te he servido fielmente sin pedirte nada. He conservado intactos tu nombre y tu honor. Jamás me he quejado a nadie de ti. Pero hoy no puedo soportar ver que tomas a otra mujer y te relacionas íntimamente con ella.
>
> —Al oír esto —dijo Hassan Bari—, me embargó una dulce emoción y lloré. En la Palabra Sagrada, el Señor Altísimo ha dicho: «¡Oh, mi servidor, te perdono tu pecado, pero si en tu corazón sucumbes y adoras a otro en mi lugar, no te perdonaré!».
>
> FARID UD-DIN ATTAR.

Una de las pruebas de que Dios existe, y además de que todo el universo está interconectado, la tenemos en el Dharma Natural. Hace enormes cantidades de tiempo, la plenitud de la creación estaba condensada en un pequeño punto de energía que llegó a colapsar; de ahí que conozcamos esa explosión con el nombre de Big Bang.

Justo en ese momento, la energía se convirtió en materia y comenzaron a formarse los mundos, las galaxias y las nebulosas. A partir de ese punto, los científicos postularon dos teorías. La primera es que todo lo resultante después del Big Bang fue producto del azar. La constitución de los planetas, la complejidad de los sistemas solares, el diseño de los seres vivos y cómo se desarrolló la vida, especialmente en nuestro pequeño planeta azul, habría sido únicamente una mera casualidad. Aunque lo más correcto sería decir que habrían sido millones de casualidades las que tuvieron que darse para que un mundo como el que conocemos pudiera emerger de la nada.

Por otra parte, encontramos a quienes elucubran que aquel punto de energía primigenio no colapsó por sí solo, y que además todo lo resultante después fue milimétricamente diseñado por una mente mayor, la cual, junto con la explosión, también hizo emerger cuatro leyes o fuerzas que sostienen y están presentes en todo el universo: la fuerza nuclear fuerte, la fuerza nuclear débil, la fuerza electromagnética y la fuerza gravitatoria. Por tanto, podemos decir que, junto con la creación de la materia, también surgió un Dharma que se encargará de regular el devenir de los procesos universales. De hecho, si alguna de esas fuerzas cambiase tan solo un poquito, habría un gran cataclismo cósmico sin precedentes.

La existencia de estas leyes es la prueba definitiva de una causa primera que las diseñó, y que diseñó el universo, puesto que donde hay Dharma/leyes, hay inteligencia.

Si todo fuese azar y el Dharma no existiese, nada tendría importancia, nada tendría sentido. Nuestra vida carecería de propósito y la evolución carecería de fundamento. Sin embargo, vemos que esto no es así. Que el universo sigue un patrón, que todo tiene un porqué, que nada está desprovisto de sentido. Que la creación es como una danza donde todo lo existente sigue un compás predeterminado, y que todos estamos conectados los unos con los otros, e incluso con las estrellas.

El Dharma revela que hay un arquitecto detrás de cada mota de polvo, de cada semilla que se convierte en un árbol o en una flor, y que, como dijo Jesús: «Aun hasta los cabellos de nuestra cabeza están contados», Lucas 12:7.

Cada átomo que existe, ya existió dentro de aquel punto primero de energía. Por tanto, nada nace ni muere, solo se transforma. No hay diferencia entre la materia y la energía, lo único que cambia es la vibración. A este respecto podemos decir que los seres humanos fuimos creados a imagen y semejanza de aquella causa primera que podemos llamar Dios o Parabrahmán, y es por eso que llevamos el universo entero en nuestro interior. Jesús dijo: «Dioses sois…». Pero nadie le creyó.

Cuando Dios quiso crear peces, habló con el mar. Cuando quiso crear árboles, habló con la tierra. Pero, cuando quiso crear al hombre, se dirigió a Sí mismo y se dijo: haré al hombre a mi imagen y semejanza. Por eso, si sacas a un pez del agua, morirá. Cuando arrancas un árbol de la tierra, también morirá. Asimismo, cuando el hombre se desconecta de Dios, también muere. Dios es nuestro entorno natural, fuimos creados para vivir en su presencia y bajo su propósito. Nuestro destino es estar conectados con Él porque solo con Él existe la vida. Entonces recuerda, el agua sin el pez sigue siendo agua, pero el pez sin agua no puede existir. La tierra sin el árbol sigue siendo tierra, pero el árbol sin tierra no existe. Y Dios sin el hombre sigue siendo Dios, pero el hombre sin Dios está perdido…

Curiosamente, una de las mejores maneras de comprender el concepto del Brahmán es mediante su nombre hebreo: Yo Soy —Yahvé—, puesto que en realidad Dios es el único que tiene existencia. Todo lo demás es una ilusión dentro de su bendita mente.

Entre susurros, los sabios hindúes narran que Dios, para entretenerse, tuvo que crear no solo a los personajes de su juego imaginario —Lila—, sino también el tablero y las reglas de la partida. Para que el juego funcionase, el Brahmán tuvo que crear también una especie de ilusión de realidad llamada Maya, a la que incluso sus propios avatares debían someterse para que el juego de la creación tuviera sentido. De esa manera, aunque Brahma, Vishnu y Shiva se consideren Dios, no son inmunes a Maya. Como tampoco lo fue Jesús cuando encarnó en la tierra. De lo contrario, no podríamos haber aprendido a rezar como él, puesto que no tiene sentido que Dios se rece a sí mismo, ni tiene sentido que llorase por la muerte de Lázaro o que sintiese pena por el futuro destino de Jerusalén. Solo el Parabrahmán está completamente libre de este hechizo, así como aquellos avatares suyos que regresan a la unidad de su esencia y se diluyen en él. A este vaciado de la conciencia de Dios, en la religión cristiana, se denomina *kenosis*.

Cuando el Brahmán es uno y está solo, los musulmanes lo conocen como Allah. En el judaísmo, sin embargo, se convierte en Yahvé. Pero en labios de Jesús, su nombre se reviste de amor y es llamado Padre. Los Upanishads lo describen como Sat-Chit-Ananda. *Sat* significa el siempre eterno, la única verdad o el ser primordial. *Chit* es la consciencia absoluta, mientras que Ananda puede traducirse como el siempre dichoso o siempre benefactor. Por tanto, si Jesús dice de sí mismo que es la verdad —*Sat*—, el Padre necesariamente debe ser *Chit*, entretanto el Espíritu Santo podría asociarse con *Ananda*.

El Brahmán no solo es la fuente de toda la creación, sino también el destino final de todo lo creado. Y, al igual que un océano no puede meterse completamente en un hoyo de la playa, el Brahmán no puede ser concebido en su totalidad por la mente de los seres humanos, de ahí que los grandes meditadores de la antigüedad, en su empeño por conocerle y darlo a conocer, se encontrasen por el camino con numerosas cualidades suyas a las que adoraron, sabiendo no obstante que no eran sino mínimas manifestaciones de aquello que en realidad está más allá incluso de las palabras con que intentáramos definirlo.

Los tres principales aspectos del Parabrahmán fueron Brahma, el principio creador; Vishnu, la fuerza que sostiene la creación; y por último Shiva, el destructor que cierra la trimurti —las tres formas de Dios— y que mediante su danza aniquila y posteriormente renueva toda la creación. Tanto Brahma como sus hijos son nombrados en el *Rig-Veda* como *prajapatis* —defensores de la vida—. Su representación suele estar dotada de cuatro cabezas barbadas —en relación con los cuatro Vedas—, yendo además montado sobre un cisne. Debido a la influencia de los seguidores de Vishnu y de Shiva, Brahma fue perdiendo relevancia paulatinamente a lo largo de los años, siendo rara su devoción hoy en día, pese a que la tradición advaita asegura que fue la primera personificación de Dios en manifestarse.

Su consorte es Saraswati, la diosa del conocimiento, la cual encarna la claridad de la mañana. Juntos viven en una idílica ciudad en la cima del monte Meru, el cual está compuesto por ciento nueve picos y estaría localizado en algún remoto lugar de la cordillera del Himalaya. Diversos *sutras* del budismo más temprano —llamado Theravada—, contienen diálogos entre Buda y Brahma donde el príncipe de los sakias intenta demostrarle a Brahma que no es omnipotente, ni omnisciente, ni omnipresente, ni inmutable, por lo que no puede ser el Parabrahmán.

La única manera de que alguien tan pequeño como nosotros pueda comprender a alguien tan grande como Dios, es que ese gigante se haga minúsculo, de la medida de un ser humano, con la capacidad de raciocinio de un ser humano e incluso con las limitaciones de un ser humano. Únicamente de esa manera podríamos comprender lo grandes que podríamos llegar a ser. Y eso es precisamente lo que hará Vishnu, la segunda persona de la trimurti que, sin embargo, es considerada por más de la mitad de los devotos hindúes como la verdadera emanación del Parabrahmán en detrimento de Brahma, quien habría nacido de su ombligo, mientras que Shiva lo habría hecho de su costado izquierdo.

Su consorte es Laksmi, la diosa de la belleza y la prosperidad. Ambos serían, por tanto, los dos ladrillos en los que se sostienen todos los mundos. Conciencia y energía, o lo que es lo mismo, Vishnu y Laksmi.

Se cree que Vishnu es el preservador de la humanidad y el sostén de la vida. Suele representársele con cuatro brazos en los que sostiene un mazo, el símbolo de la fuerza que otorga a sus devotos para que puedan hacer frente a los obstáculos de la vida. Un disco o anillo afilado llamado *sudarshana chakra*, con el cual él mismo se encarga de decapitar demonios, especialmente en defensa del ser humano. Una flor de loto, emblema de la pureza del perdón divino para todo aquel que se arrepiente sinceramente de sus faltas. Y, por último, una caracola —*shankha*— que representa la vibración sagrada, la sílaba OM.

Cuando Vishnu sopla en la caracola, la sacrosanta vibración permea todo lo que existe y se cree que quien la escucha puede encontrar el camino de regreso a casa. Es decir, a Dios.

Cada uno de los seres vivientes llevamos una pequeña chispa de Vishnu en nuestro corazón, por eso también la segunda persona de la trinidad hindú es conocida como el Paramatman —quien habita en todas las almas—. Se dice que aquellos que logran encontrar esa chispa y se identifican con ella, alcanzan inmediatamente la liberación o *moksa*.

Muchos también le llaman el Durmiente y, a semejanza del Parabrahmán, consideran que toda la creación no es sino un sueño dentro de su bendita mente. Una ilusión donde a veces él mismo se manifiesta para encauzar el devenir de los acontecimientos según su voluntad. Serán estas encarnaciones —denominadas avatares— las que habrían concentrado sus cualidades más puras. Aunque en el Gita, Krishna afirma que sus manifestaciones a lo largo de la historia son infinitas, en la India se reconocen oficialmente solo diez, aunque parecer ser que la última todavía no se ha manifestado.

Durante el conocido como ciclo mitológico, el primer avatar se llamará Varaha y tendrá el aspecto de un jabalí gigante que sacará a la tierra de las profundidades del mar, arrebatándosela así al demonio Daitya. El segundo fue Kurma, una gran tortuga que batió el mar de leche primordial para crear el néctar de la inmortalidad que luego repartió entre los dioses. Seguidamente, nos encontraremos que Vishnu tomará la forma del pez Matsya e irá al encuentro de Manu, el más sabio de todos los hombres, para salvar así a la humanidad.

Se dice que mientras Manu estaba haciendo sus abluciones en el río, un pequeño pez saltó directamente a su mano. Para protegerlo de los peces más grandes, Manu lo puso en una pecera, pero el pececillo creció y creció, de manera que el erudito no tuvo más remedio que arrojarlo a un lago. No obstante, el pez pronto ocupó casi la totalidad del lago, así que Manu decidió trasladarlo al mar. Matsya entonces le confesó que en realidad era Dios y que muy pronto toda la tierra sería anegada por las aguas de un fabuloso diluvio, por lo que para salvar a los habitantes del planeta, Manu debía construir un arca y reunir una pareja de animales de cada especie. Cuando las tormentas comenzaron a llegar, Matsya condujo el arca a un lugar seguro hasta que las lluvias cesaron. Desde entonces, el hinduismo considera que Manu es el padre de la raza humana, al igual que el patriarca bíblico Noé, quien, recordemos, siguió las instrucciones de Yahvé —tal vez otro de los avatares de Vishnu— para salvar igualmente a la humanidad del diluvio universal.

La cuarta personificación enmarcada en el ciclo mitológico fue Narasimja, una criatura mitad hombre mitad león. Cuenta el *Bhagavat-Purana* que un poderoso demonio llamado Jirania Kashipu obtuvo de Brahma increíbles poderes sobrenaturales. En una de sus batallas contra los Devas —semidioses benévolos— su palacio fue asaltado y su esposa, Kaiadu, embarazada de su hijo Prajlada, sería raptada por los Devas. Mientras Kaiadu estuvo en los reinos celestiales, habría mantenido altísimas conversaciones metafísicas con el erudito Nárada Muni, las cuales habrían sido escuchadas por su hijo aun estando en el vientre de su madre. Cuando el niño nació, fruto de las lecciones de Nárada, sintió inmediatamente una enorme devoción por Vishnu, motivo por el cual el demonio intentó en repetidas ocasiones quitarle sin éxito la vida.

Harto de tanta bravuconería, el joven Prajlada se enfrentó a su padre diciéndole que un demonio, por mucho poder que tuviera, no era rival para Dios, puesto que Dios era omnipotente y omnisciente. Intentando burlarse de su hijo, Jirania Kashipu señaló una columna de su palacio y le preguntó si Vishnu estaba allí. Prajlada entonces le contestó:

—Él está. Él estuvo. Y Él estará.

Loco de ira, el demonio lanzó su maza contra la columna, de cuyos escombros apareció Vishnu en forma de Narasimja y devoró al monstruo sin contemplación.

El quinto avatar fue Vamana, el enano. En la batalla que estaban librando los demonios contra los dioses por el control de los tres reinos, Vishnu ofreció a los demonios que ellos se quedarían con el territorio que cubrieran tres de sus pasos, dejando el resto del universo todo para ellos. Riéndose del enano, los demonios aceptaron en trato. Sin embargo, con su primera zancada, Vishnu abarcó los cielos. Con el segundo paso ocupó toda la tierra. Y con el tercero incluyó el inframundo, no dejando nada para los demonios.

El sexto avatar fue Parashurama, un guerrero que, a petición de su padre, mató a su madre y hermanos, puesto que se habían corrompido por el pecado. Sin embargo, el dolor y la culpa de Parashurama por el asesinato de su familia fue tan grande, que Vishnu consintió en devolverles la vida y darles una segunda oportunidad.

El séptimo avatar, a quien ya podemos considerar histórico, sería Rama. Hacía el siglo III a. C. el sabio Valmiki recopiló las hazañas de Rama en un libro llamado *Ramayana*, por el cual sabemos que, desde muy joven, el muchacho experimentó un fuerte apego por la vida espiritual, lo que no impidió que tomase como esposa a la bella Sita.

En cada uno de sus descensos, Vishnu se encontrará igualmente con el avatar de Laksmi, a quien tomará como esposa para que se cumpla el dicho: «Así en la tierra como en el cielo».

Debido a numerosas intrigas de palacio en su contra, Rama sería condenado a vivir en el bosque durante catorce años. Para acompañarlo en su exilio, su esposa Sita y su hermanastro Lakhsman decidieron fugarse con él. Fue en el bosque donde conoció a Hanuman, una de las encarnaciones de Shiva, quien a la postre se convertiría en su más fiel amigo y aliado.

Debido a su valor, amistad y abnegación, Hanuman es considerado el símbolo de la humildad y de la honradez. Por tanto, buscar la compañía de seres así será como un soplo de aire fresco. Según los antiguos tratados, hay cuatro características que deben poseer los buenos amigos: «Son comprensivos, dan buenos consejos, no desaparecen en los momentos duros y son leales».

Mientras Rama estaba cazando, el demonio Ravana raptó a Sita y se la llevó con él a Sri Lanka, donde tenía su morada, permaneciendo prisionera durante un año hasta que Hanuman y Rama consiguieron vencer a Ravana y a sus ejércitos.

El Ramayana continúa diciendo que cuando Sita fue rescatada, le regaló al rey Mono un collar de perlas en agradecimiento por todo lo que había hecho. No obstante, Hanuman las masticó todas y después las escupió. Al verlo, Sita le preguntó por qué lo había hecho. Entonces Hanuman le dijo que estaba comprobando si Rama estaba en el interior de alguna de esas perlas, pero viendo que no estaba en ninguna, carecían de valor para él.

Como hemos venido mencionando en capítulos anteriores, Krishna será considerado la octava emanación de Vishnu. Si bien toda la Biblia, desde el Antiguo al Nuevo Testamento, anuncia el advenimiento de Jesús y la llegada del Reino de los Cielos, el Mahabaratha —la obra cúspide del hinduismo—

tiene su mirada puesta en Krishna y en el Bhagavad Gita, el cual se considera el corazón de la sabiduría que dicha manifestación de la divinidad compartiría con su primo Arjuna antes de la batalla de Kurukshetra, la cual enfrentaría a los malvados kurus contra los virtuosos pandavas por el trono de la ciudad de Jastinapur.

La mayor parte de las epopeyas de los grandes héroes y dioses hindúes contienen enseñanzas espirituales que deben ser descifradas por el buscador que desee alcanzar la sabiduría que lo conduzca a la iluminación, puesto que dichos secretos no pueden revelarse a cualquiera, sino que deben ganarse a través del propio esfuerzo para que no pierdan su valor ni sean vendidos a bajo precio como mercancía en los bazares; lo que marida a la perfección con las palabras de Jesús cuando dijo a sus discípulos: «A vosotros os ha sido dado a conocer el misterio del reino de Dios, pero a los demás solo en parábolas, para que viendo no vean y oyendo no escuchen», Marcos 4:11-12.

En el Gita, la batalla de Kurukshetra es una analogía de la guerra espiritual que cada ser humano debe enfrentar en su interior, donde, por una parte, las hordas de la oscuridad intentarán hacerse con el control de nuestras vidas, mientras que las fuerzas de la luz tratarán de impedírselo por todos los medios.

Krishna, aunque aparentemente neutral en su aspecto divino, revelará a Arjuna los secretos de la vida y de la muerte, del Dharma y del Adharma, así como la necesidad de enfrentarse valientemente contra la injusticia, venga esta de donde venga. No obstante, en un momento de la guerra, cuando la vida de Arjuna se vio amenazada por su abuelo Bhishmá debido a que el muchacho todavía se negaba a pelear, y a pesar de que Krishna había jurado no participar en la contienda, abandonó su pasividad, blandió sobre su cabeza el *sudarshana chakra* y se dirigió hacia Bhishmá con la intención de cortarle la cabeza.

Bhishmá, al ver que Dios había tomado partido en la contienda y se dirigía hacia él, lejos de luchar, juntó sus manos en *pranam* y esperó humildemente el golpe mortal. Arjuna, que no podía permitir que Dios incumpliese su voto de neutralidad, lo detuvo mediante ruegos y súplicas, pidiéndole que lo dejase continuar el combate, pues por fin había comprendido lo importante que era aquella batalla.

Esa misma noche, Arjuna visitó a su abuelo en el campamento enemigo, el cual estaba forzado a defender a los reyes de la ciudad de Jastinapur debido a una antigua promesa, y le preguntó cuál era la mejor manera de derrotarle, puesto que Bhishmá, aunque no era del todo inmortal, tenía la bendición de los dioses y era el guerrero más temible de los kauravas. Bhishmá entonces le reveló su único punto débil y al día siguiente Arjuna lo usó para atravesar su cuerpo con varias flechas.

La novena encarnación de Vishnu será el príncipe Siddhartha Gautama, más conocido como Buda. La doctrina de Buda supuso un salto cualitativo en la práctica de la meditación. Si bien hasta entonces podemos encontrar increíbles ejercicios de Pranayama y numerosos testimonios de yoguis que alcanzaron la liberación a través del despertar de la Kundalini, Buda perfeccionará la práctica meditativa desgranando técnicas como Metta-bhavana, Samatha-bhavana y Vipassana. (Más información en mi libro: *Viaje a la India para aprender meditación*. Editorial Almuzara).

Durante su longeva vida dejó miles de sermones, los cuales están recogidos en las tres canastas —Tripitaka— del Canon Pali. Con el tiempo, tras la expansión del budismo, comenzaron a contarse diferentes leyendas relacionadas con el príncipe de los sakias, que, si bien no dejan de ser muy hermosas, carecen de historicidad.

Las últimas palabras de Buda a su discípulo Ananda se repiten hoy en todo el mundo y son uno de los mejores consejos que podrían darnos: «Sé tu propia luz». Y aunque la mayoría de los hindúes le consideran una emanación divina, también piensan que su doctrina no fue correcta, por eso lo respetan, pero no lo siguen.

La última encarnación de Vishnu será el guerrero Kalki, el cual se espera que llegue al final de los tiempos, como preludio del Armagedón, para comandar a los ejércitos de la luz y derrotar definitivamente a las fuerzas del mal y que el reinado de Dios vuelva a instaurarse en la tierra.

La última entidad de la trimurti es Shiva, el asceta por excelencia. Los shivaitas suponen que es la auténtica encarnación del Parabrahmán por encima de Vishnu y de Brahma. La mayoría de las veces se le representa sentado en posición de loto, con los ojos entrecerrados y ensimismado en su propia esencia. Es temido y amado al mismo tiempo, y muchos le consideran el dios de la muerte. Pero no solo de la muerte física, también de la ignorancia, del ego ilusorio, así como el único capaz de destruir el hechizo de Maya.

No obstante, Shiva es en realidad el renovador de todas las cosas y el señor del yoga y de la meditación. En la postura Nataraja le vemos danzando mientras que con una pierna mantiene sujeto a Mara —Apasmara en hindi— el cual es representado como un enano que debe ser sometido, nunca aniquilado, pues su destrucción supondría el final de Lila, el juego de la creación. Su otra pierna se encuentra cruzada a la altura de la cadera, lo que simboliza el final del ciclo de los nacimientos y de los deseos mundanos. Sus cuatro brazos sostienen un tambor —*damaru*—, con el que convoca a sus devotos haciendo retumbar la sílaba OM en todas direcciones. Con su mano derecha inferior está realizando el Abhayamudra, con el que libera del miedo a sus seguidores. Con su mano superior izquierda sostiene el fuego sagrado —Agni—; mientras que con la mano inferior izquierda está señalando su pierna levantada, reafirmando de esta manera su promesa de liberar a todos los seres del sufrimiento.

En ocasiones puede vérsele portando un tridente como distintivo de que es capaz de crear, mantener y destruir el universo por sí mismo. Alrededor del cuello lleva una cobra enroscada que representa la energía *kundalini*. En su aspecto del danzante, Shiva sostiene y pone en movimiento el universo, es, por tanto, también considerado el dios del éxtasis y de la alegría. A veces es representado simplemente como un *lingam*. Su relación con Vishnu es tan íntima que en ocasiones son confundidos o sencillamente se consideran la misma divinidad, aunque en cuerpos diferentes.

Shiva tiene su morada en el monte Kailash junto a su consorte Parvati y sus dos hijos Ganesha y Karthikeya. Para infinidad de personas de todo el mundo, Ganesha, el dios con cabeza de elefante, es muy querido. Cuenta la leyenda que, estando Shiva ausente, Parvati concibió a Ganesha de su propio sudor, mezclado con perfume de sándalo, para que guardase las puertas de su palacio mientras ella tomaba un baño. Empero, cuando

Shiva llegó de la guerra, sin saber que Ganesha era su hijo, le cortó la cabeza por no dejarle entrar en su propia casa. Parvati, al descubrir lo que había pasado, cayó en una gran congoja, por lo que Shiva le prometió sustituir la cabeza de Ganesha por la de cualquier bebé que no estuviera en el regazo de su madre, siendo la cría del elefante la única que reunía este requisito.

Su imagen bonachona abunda en los centros de meditación de todo el mundo. Se le considera el patrón de las artes, sobre todo de la escritura, siendo capaz de remover cualquier obstáculo y procurando además abundancia y sabiduría para sus devotos. En sus cuatro manos sostiene algunos objetos mágicos. Una soga para rescatar a los seres que sufren. Un hacha para destruir cualquier inconveniente que podamos encontrarnos en el camino, además de para liberarnos de todas las ataduras que nos amarran a la ignorancia. Un poco de *laddu* —dulce hecho a base de harina, leche condensada y frutos secos—, el cual simboliza que la sabiduría es dulce como la miel. Y, por último, la sílaba sagrada OM dibujada en una de sus palmas, en Varadá-Mudra, con la que es capaz de bendecir a todos los que descansan sus ojos en él.

Desde tiempos inmemoriales, debido a sus cualidades innatas, los elefantes son considerados alegorías de sabiduría en la cultura hindú, de ahí que en algún momento surgiese la figura de esta deidad, que no es sino una representación de las fuerzas que cada uno llevamos en nuestro interior.

Sus grandes orejas simbolizan la importancia de escuchar en silencio para comprender bien. Los elefantes también suelen ser el ejemplo perfecto de perseverancia, ya que son extremadamente decididos al emprender cualquier camino, dando pasos fuertes y seguros, lo que nos invita a tener su misma determinación y autoconfianza. Tienen los ojos pequeños para no ver la maldad en los demás, fijándose únicamente en la bondad, porque piensan que es mejor fijarse en lo bueno que la gente hace por nosotros, que en las veces que nos han fallado.

Los brahmanes aseguran que un elefante jamás dudará en hacerse amigo de un escorpión, pero nunca perderá de vista su aguijón. Su enorme cabeza simboliza que comprenden perfectamente dónde están sus propios errores para tratar de enmendarlos. Son pacientes, jamás se desesperan y protegen a su manada de cualquier peligro aun a riesgo de sus vidas.

Que Ganesha protegiese la entrada al palacio de Parvati significa que la sabiduría es custodia de la divinidad. Shiva, que regresaba de luchar en una batalla, venía totalmente imbuido de Maya, por lo que Ganesha se negó a dejarle entrar en el palacio, donde Parvati —Dios en su forma femenina— se encontraba desnuda, motivo por el que Shiva cometerá el terrible acto.

Cuando Parvati, la voz de la conciencia, le hizo recapacitar, Shiva comprendió el error que había cometido y decidió enmendarlo, restituyendo la cabeza de su hijo por la de un ser que tuviese todas las virtudes que él había olvidado. A partir de ese momento, la sola visión de Ganesha le recordará lo que nunca debió olvidar.

En esta fábula, Parvati personifica también el amor incondicional como atributo de la divinidad que es capaz de realizar el milagro de devolver la vida a lo que estaba muerto.

Otra leyenda asegura que en cierta ocasión, el erudito Nárada Muni llevó a la morada de Shiva un frasco que contenía el elixir de la sabiduría. Como Ganesha y Karthikeya deseaban cada uno beber el brebaje, Nárada Muni sugirió que el primero en circunvalar tres veces consecutivas la tierra, se quedaría con el frasquito y además tendría derecho a casarse el primero.

Ni corto ni perezoso, Karthikeya se subió en su pavo real y comenzó a surcar los cielos hasta llegar a los confines del planeta, mientras Ganesha parecía no tener ningún interés en participar en la carrera. Pero, cuando Karthikeya ya llevaba dos vueltas y estaba a punto de concluir la tercera, el dios con cabeza de elefante se levantó, se dirigió a sus padres y dio tres vueltas alrededor de ellos.

Karthikeya, seguro de que había ganado el derecho a beber del elixir, descendió de su montura y, lleno de orgullo, reclamó a Nárada su premio. Sin embargo, el sabio sacó el frasquito y se lo entregó a Ganesha. Karthikeya, que no entendía nada de lo que estaba pasando, se puso furioso y pidió explicaciones, por lo que Nárada le recordó que los Vedas dicen que Shiva y Parvati son el mundo entero. Por tanto, Ganesha, al rodear a los dioses, no solo había circunvalado la tierra, sino el universo entero.

Karthikeya, no conforme con la disquisición de Nárada, se sintió muy ofendido y juró que pasaría el resto de su vida soltero, de manera que comenzó a conocérsele con el sobrenombre de Kumara, el célibe. Años más tarde, solo cuando el enfado se le hubo pasado, consintió en contraer matrimonio y lo hizo con las dos jóvenes hijas de Vishnu: Devasena y Sundaravali.

Devasena había encarnado en una poderosa familia, así que la boda se celebró siguiendo escrupulosamente todos y cada uno de los rituales védicos. Sundaravali, por el contrario, encarnó en una humilde aldea y fue criada salvajemente, por lo que su boda no siguió ninguna de las normas establecidas y ambos cónyuges se juraron amor mutuo.

Las dos bodas de Karthikeya son una analogía de las dos maneras en las que el alma puede acercarse a Dios. Una mediante los rituales y las normas establecidas y otra mediante un amor espontáneo que no necesita de ninguna norma más allá de los dictados del corazón.

La sílaba OM y el niño Dios

«Señor, yo no soy digno de que entres en mi casa, pero una palabra tuya bastará para sanarme». Mateo 8:8.

Supongo que para un delhiense será tan extraño entrar en la Giralda de Sevilla como lo fue para mí acceder al interior de un templo hindú. Si bien para alguien ajeno al cristianismo puede resultar impactante encontrar en las iglesias imágenes del Hijo de Dios cargando una cruz a cuestas y siendo crucificado tras sufrir numerosas torturas, en los santuarios indios llamará poderosamente la atención los vivos colores de sus deidades, muchas de ellas con la piel azul, así como el aspecto descuidado de la mayor parte de las estancias.

Superada la sensación inicial de desorientación, decidí acallar mi mente y dejar que los prejuicios pasaran por ella sin prestarles la menor atención. No había recorrido cerca de ocho mil kilómetros para encontrar lo mismo que tenía en casa.

Decidido a empaparme de la espiritualidad del Sanatanadharma, procuré caminar despacio entre las capillas del oratorio para grabar todos los detalles de las imágenes y retablos en mi mente y en mi corazón. Tras las representaciones de la trimurti, al final del pasillo me esperaba el sagrario donde descansaba la estatua de Krishna tocando su flauta. Pintada sobre la pared podía distinguirse también una representación del dios, siendo niño, danzando sobre la testa del demonio Kaliya, una serpiente de múltiples cabezas que aparecía con las fauces abiertas.

En las religiones dhármicas, los demonios representan la oscuridad de la mente que es necesario iluminar para poder vivir una vida plena y feliz. No se consideran criaturas reales que haya que exorcizar con algún ritual, sino más bien tendencias del alma que debemos conocer para poder transmutar su energía y convertirlas en nuestras aliadas. Los relatos de los dioses luchando contra terribles demonios no son sino analogías del eterno enfrentamiento entre la luz y la oscuridad que encontramos también en el Bhagavad Gita. Con todo, el campo de batalla donde se libra esa disputa se descubre en el interior de uno mismo, por lo que las fuerzas que consigan salir victoriosas serán las que acaben manifestándose en el devenir de nuestras vidas, conduciéndonos hacia el paraíso o al infierno.

Cuenta la leyenda que cuando Krishna era todavía un joven mozalbete, solía ir con sus amigos al río Yamuna para que sus vacas descansaran y bebieran mientras ellos aprovechaban para refrescarse tomando un baño. En cierta ocasión los amigos de Krishna se adelantaron unos metros, pero al poco tiempo de meterse en el río, empezaron a sentirse mal. En un recodo del Yamuna había hecho su morada un demonio-serpiente, el cual había emponzoñado el curso de la corriente de tal manera que todo lo que tenía contacto con las aguas, caía enfermo, o lo que es peor, moría a los pocos días.

Cuando Krishna vio a sus amigos echados en el suelo quejándose de dolor, deseó que todos ellos se restablecieran por completo. Y ese pensamiento fue suficiente para que la vida y la salud regresara a los muchachos. Acto seguido, Krishna se metió en el río y siguió el caudal hasta encontrar la guarida de la bestia.

Cuando Kaliya notó la presencia de Krishna, a pesar de que el aspecto del muchacho era increíblemente pacífico, no dudó en abalanzarse sobre él para atraparlo entre sus anillos y estrujarlo con fuerza. Krishna, mostrando por un momento la realidad de su naturaleza, se zafó del abrazo de la serpiente, se subió a todas sus cabezas y comenzó a danzar en medio de la frente de cada una de ellas mientras tocaba su flauta como si de un faquir se tratase.

La danza de Krishna sumió al monstruo en un profundo éxtasis en el que empezó a recordar sus vidas pasadas y la razón por la que se había convertido en un demonio. De repente, y gracias a la presencia del pequeño dios, Kaliya comenzó a vomitar todo el odio, la envidia y el rencor que llevaba en sus entrañas hasta que se quedó totalmente vacío de veneno.

Cuando la serpiente recuperó la consciencia, se dirigió hacia el avatar de Vishnu, agachó su frente y le pidió perdón por sus fechorías pasadas. Krishna, bendiciendo al nuevo ser que había nacido, le ordenó abandonar aquella región y morar en las profundidades del mar, procurando a partir de ese instante no hacer daño a ninguna otra criatura.

Cada uno de los cuentos que recoge el canon hindú está cuajado de enseñanzas espirituales. Aquí Kaliya no es sino una muestra del alma humana cuando es poseída por emociones oscurecedoras tales como la ira, la violencia o la envidia, las cuales están representadas por cada una de las cabezas del demonio. Para doblegarlas, Krishna se subió en su frente e hizo que se prosternaran ante él.

Asimismo, durante la meditación, toda nuestra atención debe concentrarse en el lugar donde Krishna danzó cuando se subió al monstruo. Es decir, en el centro de nuestra frente, donde se ubica el tercer ojo, que no es sino el nexo de unión con nuestra consciencia crística.

Alentado por esta parábola, busqué un lugar donde sentarme, cerrar los ojos y meditar delante de la imagen de la divinidad. En Dharamsala, la casa de Buda, solía meditar como Buda enseñaba, dejando descansar mi atención en la respiración, más específicamente en las fosas nasales, y concentrarme en el roce del aire al entrar y salir. Sin embargo, en la casa de Krishna, lo correcto era meditar como él prefería, subiendo unos centímetros más mi punto de atención hasta el sexto chacra y pronunciando mentalmente la sílaba semilla OM o AUM.

El yogui deberá realizar con firmeza el yoga entregándose a Mí por completo de la siguiente forma: el cuerpo permanecerá recto, el cuello y la barbilla quietos, la mirada dirigida hacia dentro y fija entre las cejas. No se distraerá mirando alrededor, tendrá su pensamiento tranquilo y sin temor, cumplirá el voto de castidad y tendrá toda su mente dirigida hacia Mí. Si permanece de esta manera en el yoga por el dominio de su mente, alcanzará el reposo en el nirvana, del cual Yo Soy el fundamento... En este estado no existe la tristeza y se realiza la ruptura de la unión entre la mente y la ilusión de la separación. El yoga, es decir, la unión con la Divinidad, es lo que produce esta alienable felicidad espiritual… Debemos eliminar toda actividad mental por medio de un esfuerzo poderoso y firme, y después de haber unido la mente al Yo Supremo, no pensaremos en nada más. Todo esto se logra renunciando sin ninguna excepción a los deseos originados por la voluntad, dominándolos para que no se extravíen por todas partes. Cuando la mente, intranquila y agitada, se extravía, hay que dominarla y someterla. Cuando ha sido calmada, el yogui alcanza la suprema felicidad del alma que se ha unido con el Brahmán; la felicidad exenta de pasiones e imperfección.

Bhagavad Gita.

Según el evangelio hindú, el mantra supremo es la deidad hecha sonido. Al pronunciar mentalmente la sílaba OM ponemos la intención de alinearnos con el universo, permitiendo que nuestra vibración resuene con el sonido de la creación. Tan importante es este murmullo, que suele integrarse en la mayoría de las jaculatorias tanto hindúes como budistas, lo que llama poderosamente la atención, puesto que como todo el mundo sabe, el budismo es una religión no teísta, lo que no es óbice para que sus eruditos admitan el poder y la fuerza de esta sílaba semilla y la usen durante sus rituales.

La *A* se correspondería con el dios Brahma, origen de la creación del universo. La *U* se correspondería con el dios Vishnu, encargado de sostener la vida. Y, por último, la *M* estaría vinculada con Shiva, el encargado de destruirlo todo para que Brahma pueda comenzar de nuevo. No obstante, lo que muchos no conocen es que la pronunciación de este mantra va acompañada de un silencio posterior a la entonación que hace que el alma viaje directamente hacia la presencia de Dios.

Si bien muchos *swamis* y gurús aconsejan la recitación del OM o AUM durante cada respiración mientras conducimos nuestra atención al centro de la frente, para otros lo más importante no es la declamación del mantra, sino que el *bhakti* pueda escucharla en su interior, lo que significaría que realmente ha llegado a percibir no solo la voz de Dios, sino la palabra primera y original que fue pronunciada desde tiempos sin principio, y que sigue reverberando en todo lo existente.

A pesar del ajetreo de las personas que entraban y salían de la capilla, me aparté todo lo que pude y me pegué a la pared para no molestar a nadie y para que nadie me molestase a mí. Luego cerré los ojos, dirigí mi atención al chacra Ajna y comencé la recitación silenciosa del mantra de Krishna.

No sé cuánto tiempo estuve así, pero lo que sí recuerdo es que tuve la sensación de haberme hundido en las profundidades de mi alma como nunca antes lo había hecho. Siendo consciente de que había accedido a una especie de campo infinito dentro de mí, de repente pude escuchar un sonido vibrando en mi interior. ¡Sí! Estaba escuchando cómo el OM sonaba dentro de mí.

Todo lo que había leído sobre aquel mantra era real y, sin embargo, la mejor manera que tengo de explicarlo no es con un *shloka* védico o puránico, sino con las primeras palabras del evangelio de Juan: «En el principio era el Verbo, y el Verbo era con Dios, y el Verbo era Dios. Este era en el principio con Dios. Todas las cosas por él fueron hechas, y sin él nada de lo que ha sido hecho, fue hecho. En él estaba la vida, y la vida era la luz de los hombres. La luz en las tinieblas resplandece, y las tinieblas no prevalecieron contra ella».

Poco a poco, y a través de mi propia experiencia, iba consiguiendo dar respuesta a algunas de las preguntas que siempre me había hecho.

— La primera de ellas es que la meditación es una medicina holística que además es capaz de conducir al ser humano hasta la sabiduría y la autorrealización.

— La segunda es que mi gurú raíz era Jesús de Nazaret, el único que había sido capaz de tocar mi alma, por lo que necesariamente el hijo de María tenía que estar muy vivo. De hecho, creo firmemente que Jesús resucitó tal como lo anuncian las Escrituras, puesto que nadie muerto puede tener una presencia tan potente en la vida de tantas personas a lo largo de la historia y alrededor del mundo. Aunque durante mi búsqueda espiritual había escuchado a muchos santos, ninguno había sido capaz de emocionarme tanto como él.

—La tercera de las certezas era que, tras escuchar el sonido sagrado retumbando en mi interior, para qué pronunciar otros mantras invocando a otras deidades, a otros espíritus o simplemente repitiendo dogmas impuestos por hombres supuestamente santos cuando yo mismo había oído la palabra de Dios en lo más profundo de mi corazón.

—La cuarta era que el Reino de los Cielos, la luz de Vishnu y la esencia de Buda se encuentran dentro de cada persona, y que es por nuestros propios velos que no somos capaces de llegar a comprender el inmenso tesoro que llevamos dentro.

—La quinta es que la sílaba OM es la prueba de que hay un ser superior que está en cada uno de los átomos de su creación y que quiere ser descubierto. Cuando hacemos acciones incorrectas, la voz de Krishna, también llamada conciencia, nos dice que no lo estamos haciendo bien, pero la mayoría de los seres humanos no queremos escuchar su consejo y preferimos seguir durmiendo el sueño de Maya.

—La sexta es que esta sabiduría debe alcanzarse a través del propio esfuerzo y no mediante la lectura de las experiencias de otros, las cuales únicamente deben servirnos como motivación para incrementar nuestra práctica.

—La séptima es que la reencarnación es real y que el karma es infalible. Al contrario de lo que sostienen las religiones abrahámicas, nuestra mente no nació en el parto ni morirá en el deceso. Este cuerpo que ahora vestimos no es más que el vehículo para transitar por este pequeño planeta azul, en el que todos estamos de prácticas. La vida es a la vez una escuela y un camino de retorno a Dios.

En cierta ocasión le preguntaron a Buda:

—Maestro Gautama, sabemos que algunas personas tienen una vida corta y otras larga; algunas personas son saludables y otras enferman continuamente; algunas son feas y otras bonitas; algunas sin prominencia y otras prominentes; algunas pobres y otras ricas; algunas de linaje bajo y otras de alta alcurnia; algunas estúpidas y otras sabias. ¿Cuál es la razón, cuál es la condición, maestro Gautama, por la cual algunos seres parecen inferiores y otros superiores?

—Amigo —respondió Siddhartha—, los seres son dueños de sus propias acciones y herederos también de sus propios actos. Su destino fue originado por sus acciones. Ellos están ligados a ellas y sus acciones son su mérito. Así que ya ves, esta es la razón que hace distinción entre los seres inferiores y superiores.

Culakammavibhanga Sutta.

Cuando salí del templo intenté acomodar mis ojos a la luz del día y me dirigí al coche de Rajesh. Como me advirtió, había dejado las puertas traseras con el pestillo abierto mientras hacía algunos recados, así que decidí entrar y esperarlo sentado cómodamente en el interior del vehículo. La jornada había sido intensa y tenía muchas cosas que reflexionar.

Al cabo de unos minutos, ensimismado en mis propios pensamientos, vi cómo un niño de unos tres o cuatro años comenzó a golpear el cristal del automóvil para llamar mi atención. Tenía la cabecita calva e iba vestido únicamente con unos pantalones cortos. Puede que estuviera repartiendo flores o algún tipo de baratija, lo cierto es que no lo recuerdo muy bien, pero de lo que sí me acuerdo es que algo en mi interior se echó a temblar.

El pequeño comenzó a reír y a bailar con una alegría que no era de este mundo. Nunca antes había visto que alguien pudiera sonreír incluso con los ojos. Parecía poseído por una felicidad que le hacía dar vueltas alrededor del coche como un loco sin tener en cuenta los vehículos que pasaban a toda velocidad por la carretera y que no dudarían en llevárselo por delante si no tenía cuidado.

Tengo que confesar que el miedo me impidió salir para tratar de ponerlo a salvo. No logro explicar lo que me pasó, puesto que únicamente pude quedarme allí contemplándolo con la certeza interior de que aquella criatura no era un niño como los demás.

En mis viajes por la India y otros países del subcontinente asiático me había acostumbrado a ver cómo pequeños y mayores solían golpear los cristales del taxi para pedir una limosna al viajero occidental, pero aquel pequeño era completamente diferente. Por suerte, justo en el momento en que pudo haber corrido más peligro, apareció un anciano de larga barba, vestido únicamente con un taparrabos, y lo detuvo, devolviéndolo a la acera para que no lo atropellara ningún coche.

Mientras contemplaba atónito la escena, pude sentir la mirada del anciano recriminándome no haber hecho nada para poner a salvo a la criatura…, y llevaba toda la razón. Sin embargo, el miedo había paralizado todo mi cuerpo porque en el fondo de mi alma siempre supe que aquel pequeñuelo era el mismísimo Krishna; el cual había salido de su templo para venir hacia mí cantando y bailando con el propósito de que yo también participase de su felicidad. Y tal vez por eso me escondí, porque sabía que no era digno de rozar siquiera su blanquísima piel y no quería que, al tocarme, pudiera sentir todos mis pecados.

En tanto el asceta devolvía al joven Krishna al interior de su capilla, desapareciendo entre los pasillos del santuario, yo me quedé allí arrepintiéndome de mi cobardía y jurando que la próxima vez que Dios viniera a mí cantando, danzando y riendo, ya fuera como un niño o con cualquier otro aspecto, no volvería a esconderme y yo también iría hacia él, le daría la mano y cantaríamos y danzaríamos juntos, dejando que me condujera adonde él quisiera.

Un maestro de yoga
de origen hebreo

«Los ideales de Cristo son los mismos que los de las escrituras indias. Los preceptos de Jesús son análogos a las enseñanzas más elevadas de los Vedas, los cuales existieron mucho antes que Jesús. Esto no disminuye la grandeza de Cristo, sino más bien muestra la naturaleza eterna de la verdad».

Paramahansa Yogananda.

El Hijo de Dios es un tesoro tan grande, que supo hacerse pequeño para poder coger en nuestras mentes. Aun así, todavía sigue siendo demasiado grande y algunos hay que no han acabado de entenderlo completamente. Por lo general, los líderes de las diferentes iglesias cristianas afirman vehementemente que quien no acepte a Jesús, será condenado al infierno eterno. Pero lo más curioso es que, en parte, llevan razón…, aunque no como ellos piensan.

Los nuevos sacerdotes y escribas no han conocido a Jesús como merece ser conocido. Únicamente han construido un concepto dentro de sus mentes al que han llamado Jesús, que no es sino una sombra de sus propias elucubraciones. Es por eso que, dos mil años después, siguen actuando como aquellos sanedrines que acusaron, juzgaron y finalmente entregaron al Hijo de Dios para que fuera colgado del madero.

Si adoramos el concepto que cada uno tiene de su Jesús personal, dejando de lado al auténtico Cristo, estaremos idolatrando el becerro de oro de nuestros propios delirios, condenando además a todos aquellos que no compartan esa imagen de él que nos hemos fabricado. De esa manera, dos mil años después, seguiremos metiendo a Jesús en una cárcel, juzgándolo, cargándolo con la cruz de nuestra ignorancia y obligándolo a transitar por el vía crucis de todos nuestros ideales.

No hemos acabado de comprender que cuando alguien sigue a Krishna, está siguiendo a Jesús. Que cuando alguien sigue a Buda, es a Jesús a quien está siguiendo. Y que cuando alguien simpatiza con Mahoma, también está acompañando a Cristo, puesto que el Hijo de Dios ha nacido innumerables veces en este mundo, bajo distintos aspectos, para que los lazos de nuestro karma se unan a él de diferentes formas a través de los tiempos.

En el Bhagavad Gita, Krishna asegura: «Siempre que la virtud del hombre mengua y crece la ignorancia, yo me manifiesto. Me reencarno para librar a los buenos y destruir a los malos, estableciendo el reinado de la justicia».

Krishna fue el octavo avatar del dios Vishnu. Su nacimiento, al igual que el de Jesús, fue vaticinado por diferentes profecías, las cuales aseguraban que cuando el niño viniera al mundo, acabaría con el tiránico reinado de su tío Kamsa.

De la misma manera que Herodes persiguió a la Sagrada Familia para dar muerte al Hijo de Dios, asesinando por el camino a cientos de inocentes en Belén, Kamsa acabará con la vida de los seis hijos de su prima Devaki para evitar el cumplimiento del vaticinio de la venida del divino niño. No contento con eso, encerró a Devaki y a su marido Vasudeva en una mazmorra, lo que no resultó impedimento para que el matrimonio concibiera a Krishna.

Milagrosamente, Vasudeva conseguirá sacar al bebé de la cárcel y entregárselo a Yashoda, quien acabará criándolo en el bosque de Vrindaban lejos de las garras del tirano Kamsa.

Al cumplir los cinco años, la madre adoptiva de Krishna pensó que el pequeño había ingerido por error un poco de arena junto a la mantequilla que tanto le gustaba, por lo que, preocupada, le pidió que abriera la boca. Cuando el pequeño separó sus labios, Yashoda no alcanzó a verle los dientes, ni el paladar, ni tampoco la lengua. En cambio, vio el universo entero dentro de la garganta de su hijo.

De repente, en el interior de Krishna comenzaron a desenvolverse todos los mundos y Yashoda pudo contemplar la danza de los planetas, de los soles, e incluso el movimiento de las galaxias vibrando con la sílaba OM. Contempló el proceso de creación de Brahma, el mantenimiento del cosmos siendo sostenido por Vishnu, así como a Shiva disolviendo todo lo manifestado para volver a entregárselo a Brahma. Observó cómo rodaba la rueda del karma y cómo las leyes del Dharma tejían el futuro de los seres sintientes. Yashoda pudo visualizar también los tres tiempos: pasado, presente y futuro, en un solo instante. Pudo sentir cómo el mantra OM subyacía en todo lo creado y era en realidad el germen de la existencia. Fue testigo de los ciclos de reencarnación de todos los seres y contempló las tierras puras que se yerguen más allá de lo imaginado.

Únicamente cuando Yashoda tuvo esta experiencia, comprendió en realidad quién era el hijo de Devaki. Aquel pequeñuelo era Dios, y todo lo que existía, ha existido y existirá, moraba dentro de él. Nada fuera de él podía existir, puesto que Krishna lo era todo, en todos lados y en todo momento. Él era el alfa y la omega, Apocalipsis 21:6.

De la misma manera que Krishna vino a devolver la justicia a una tierra que se había olvidado del dharma, Jesús encarnó para hacer exactamente lo mismo. En la Palestina del siglo I había campesinos dueños de sus propias tierras, pero la mayoría eran jornaleros que viajaban de una aldea a otra intentando eludir los asfixiantes impuestos que Roma les exigía. Muchos habían perdido sus tierras a causa de los enormes gravámenes con que se lucraban las clases dirigentes tanto extranjeras como sacerdotales. El emperador exigía el *tributum soli* por las tierras de cultivo y el *tributum capitis* por cada miembro de la unidad familiar mayor de doce años.

A esto debían añadir la entrega del diezmo al Templo, la necesidad de guardar semillas para la siguiente cosecha, el tributo a Antipas, los inconvenientes climatológicos, así como el propio sustento. No era de extrañar, por tanto, que la mayoría perdieran sus posesiones y acabaran convertidos en esclavos, mientras los nobles ejercían de terratenientes para los romanos, explotando cada vez más a un pueblo sojuzgado mediante los jefes de los recaudadores y la maquinaria de los publicanos, su mano de obra, en ocasiones siervos de estos últimos.

Frente a las grandes tierras de labranza de las clases dirigentes, los pequeños huertos familiares fueron perdiendo cada vez más importancia. La diferencia entre los estratos adinerados que habitaban en ciudades como Séforis o Tiberíades no era comparable a la modesta Nazaret o Magdala, ciudades satélite de estas donde las casas de adobe no desentonaban demasiado con la tierra de calles sin pavimentar.

Con este panorama no era de extrañar la esperanza puesta en la llegada de un Mesías que liberara al pueblo de la esclavitud. La Pax Romana era un yugo para los más humildes, que veían cómo se construían los grandes edificios y las ciudades imperiales con el sudor de sus frentes, la sangre de sus hijos y la honra de sus mujeres.

Jesús vivió en Natzeret, una muy humilde aldea situada al este del lago Genesaret, tan pequeña que ni siquiera aparece en el Talmud, ni tampoco en las ciudades nombradas por el historiador Flavio Josefo. Suponemos que heredó el oficio de su padre José, el cual era *tekton*, es decir constructor, artesano, carpintero o ebanista. Séforis o incluso Tiberíades habrían sido el lugar ideal para encontrar trabajo, aunque sabemos que Jesús, al menos en su etapa evangélica, se movió más a gusto por Cafarnaúm, una pequeña ciudad pesquera al borde del mar de Galilea.

Aunque de estirpe real, el hijo de María ha pasado su infancia entre gente sencilla, pobre, trabajadora y humilde. La tradición semita advertía que, si Dios te quitaba a un padre, a una madre, a un hermano, o a un hijo, él mismo se pondría en su lugar.

Jesús perdió a su padre siendo todavía muy joven, por lo que quizás se tomase al pie de la letra este viejo proverbio y supliese la carencia de José con la figura de un Dios que trascenderá su tiempo y llegará hasta nosotros, eso sí, distorsionado y manipulado por los descendientes de aquellos mismos sacerdotes que tampoco lo comprendieron en su momento.

Aunque el Dios de Abraham, el Dios de Isaac, el Dios de Jacob y el Dios de Moisés es el mismo que el de Jesús, Jesús no es Abraham, ni Isaac, ni Jacob, ni Moisés, puesto que la visión que Jesús tuvo de Dios era la de un padre amoroso, no la de un legislador que mataba a quien se acercaba a sus dominios. Con Jesús, todos serán bienvenidos a la casa del Señor, especialmente esos a los que antes se les había negado la entrada bajo pena de muerte. Él rompió las cortinas que ocultaban el lugar más sagrado del Templo para que todo el mundo pudiese entrar en él y hablar con Dios cara a cara.

Igualmente, también dejó un mapa para que quien quisiera encontrarlo, pudiera hacerlo fácilmente. Él dijo: «Buscadme entre los mansos, porque ellos heredarán la tierra. Buscadme entre los que lloran, porque ellos serán consolados. Buscadme entre los que tienen hambre y sed de justicia, porque ellos serán saciados. Buscadme entre los misericordiosos, porque ellos alcanzarán la misericordia. Buscadme entre los pobres, porque suyo es el Reino de los Cielos. Buscadme entre los limpios de corazón, porque ellos verán a Dios…». No obstante, Jesús también guardaba un secreto…

A diferencia de otros avatares divinos, el hijo de María no tuvo conciencia de ser Dios, al menos no del todo ni en todo momento. Únicamente de esa manera la divinidad podía enseñar al ser humano a trascender todos nuestros límites para unirnos definitivamente a él. Si bien Krishna y las otras encarnaciones, como venimos demostrando, dejaron soberbias historias morales y espirituales de las que extraer las enseñanzas más sublimes, la personalidad de Jesús ha calado el corazón de millones de personas en todo el mundo debido sobre todo a la profundidad de sus palabras, a la sencillez de su vida y a la honestidad entre lo que dijo y lo que hizo.

En Jesús, Dios se ha olvidado de quién es y tiene que recordarse a lo largo de tan solo treinta y tres años. Esta es una hazaña como no hay otra igual en la historia de la humanidad. Aquí no tenemos a Dios viviendo como Dios en un cuerpo de hombre. Jesús es Dios buscando agradar a Dios para enseñar a la humanidad que es posible liberarse de la ignorancia y del sufrimiento para recuperar nuestra identidad divina.

Hasta ese momento, el ser humano seguía indefenso frente a los embistes de la ignorancia, sin ningún interés por dominar sus bajas pasiones y sin tener conciencia de la importancia del prójimo en nuestro propio devenir. Con Jesús, todas esas cuestiones serán respondidas con total transparencia. Él enseñó que cada quien es libre de elegir su destino, sabiendo que sus actos tendrán una respuesta proporcional y equivalente por parte del universo. Quien hace un bien a sus semejantes, a Dios mismo se lo está haciendo. Pero quien lapida, insulta, condena y crucifica a un inocente, a Dios mismo está lapidando, insultando, condenando y finalmente crucificando. Y aunque Dios no puede morir, quien murió en la cruz era Dios.

Según el evangelio apócrifo de Tomás, en cierta ocasión Jesús les preguntó a sus discípulos:

—Comparadme con alguien y decidme, ¿quién creéis que soy?

Pedro entonces contestó:

—Te asemejas a un ángel justo.

Mateo, por su parte, añadió:

—Te pareces a un filósofo del corazón.

Sin embargo, Tomás le dijo:

—Maestro, mi boca es totalmente incapaz de decir a quién te asemejas.

Admirado, Jesús miró a Tomás y le confesó:

—Yo ya no soy tu maestro, puesto que has bebido y te has emborrachado del manantial burbujeante que he repartido. —Entonces Jesús se lo llevó aparte y le dijo al oído—: Yo soy el que soy [que es lo mismo que decir: yo soy Dios].

Cuando Tomás regresó con los discípulos, estos le preguntaron qué le había dicho Jesús. A lo que Tomás, con el rostro desencajado, les respondió:

—Si os dijera una sola palabra de las que me dijo, cogeríais piedras para lapidarme.

Como acabamos de ver, Jesús finalmente será consciente de su auténtica identidad y del propósito para el que había encarnado, cumpliendo al pie de la letra el vaticinio que años antes había salido de la boca de Krishna: «Cuando la virtud del hombre mengua, yo me manifiesto».

En el país del Ganges es usual que los seres humanos dividan sus vidas —estimadas en una duración aproximada de cien años— en cuatro etapas bien diferenciadas, llamadas *áshramas*. En la primera de ellas, denominada Brahmacharya —estudio de las leyes sagradas—, los pequeños deben dedicarse a memorizar los Vedas y las Upanishads, así como a instruirse en el oficio familiar. Este período está relacionado con la niñez y la adolescencia, donde los jóvenes suelen frecuentar la compañía de los gurús para que los formen en el aspecto religioso de la vida, mientras que sus allegados deberán ocuparse de prepararlos en los menesteres del trabajo que tendrán que desempeñar en el futuro para ganarse el sustento.

La segunda de las *áshramas* tiene que ver con la responsabilidad de formar y mantener a una familia. Se denomina Grihasthá y durante su desarrollo se debe tener cuidado de no olvidar que el Dharma no es contrario a los negocios, por tanto, en el proceso de su oficio, el practicante hindú debe ser honrado y virtuoso.

La tercera etapa del Vishnu-Purana se llama Vanaprasthia y consiste en que, una vez se han cumplido todos y cada uno de los deberes tanto con los hijos como con la pareja, cuando ya cada quien puede valerse por sí mismo o apoyarse en sus parientes para salir adelante, el padre tiene la opción de apartarse del mundo para dedicarse a practicar austeridades hasta decidir si desea dar el paso definitivo hacia el cuarto periodo, conocido como la renuncia definitiva —Sanniasa—, en la que deberá dejar de lado cualquier comodidad terrenal para dedicarse exclusivamente a la búsqueda de Dios, yendo a vivir a los bosques, peregrinando de aldea en aldea y pidiendo limosna para subsistir.

A pesar de la regulación que propone este sistema de *áshramas*, muchos jóvenes suelen saltarse la vida hogareña para abrazar directamente la tercera y cuarta etapa, motivo por el cual no dudan en abandonar casa, riquezas y posesiones en pos de ganarse un lugar en el Reino de los Cielos.

Según el Nuevo Testamento, Jesús nunca estuvo interesado en contraer matrimonio y desde muy joven tuvo claro que quería dedicar su vida al servicio a Dios a través de la búsqueda de la santidad, por lo que no dudó en abandonar a su madre, hermanos y hermanas para dedicarse exclusivamente a «los asuntos de su Padre».

Llegados a este punto, cabría preguntarnos qué diferencia hay entre el hijo de María y un renunciante hindú si ambos desistieron de lo mismo para alcanzar idéntica meta. ¿Acaso

Jesús no abandonó el contexto familiar donde se encontraba para dedicarse en exclusiva al servicio de Dios como un *sanniasin*? ¿No renunció a todas sus posesiones para peregrinar de aldea en aldea, exhortando a la gente a llevar una vida más espiritual y viviendo de la limosna?

Aunque esta afirmación pueda levantar ampollas, todavía hoy podemos ver a cientos de imitadores de Jesús saliendo de los bosques de la India, teñidos de ceniza de la cabeza a los pies y vistiendo únicamente un taparrabos para acudir al Kumbhamela que se celebra cada tres años en las localidades de Prayag, Haridwar, Ujjain y Nasik, donde se sumergirán en las aguas del Ganges como Jesús lo hizo en el Jordán.

Según los evangelios, Cristo animó a sus discípulos a convertirse en *sanniasin*, es decir, en renunciantes. En Lucas 18:22, vemos cómo exhortó a un muchacho a vender todas sus riquezas para dar el dinero a los pobres y seguirle después. En Mateo 8:20, asegura que los animales salvajes tienen madrigueras y las aves del cielo tienen sus nidos, pero el Hijo del Hombre no tiene un lugar donde descansar su cabeza. Aunque tal vez el versículo más esclarecedor lo encontremos en Mateo 6:24, cuando asegura que: «Nadie puede servir a dos señores, porque aborrecerá a uno y amará al otro, o bien entregará a uno y despreciará al otro. Nadie puede servir a Dios y al dinero».

El apóstol Santiago, en una de sus epístolas, afirma: «¿No sabéis que la amistad con el mundo es enemistad con Dios? Por tanto, el que quiere ser amigo del mundo, se constituye enemigo de Dios». Y podríamos seguir citando versículos indefinidamente donde el hijo de María abraza la renuncia como si fuera un yogui de la India, puesto que, según su cosmovisión del mundo, no poseer nada significaba no ser poseído por nada… y tal vez por eso es que pudo exorcizar demonios con tanta facilidad.

Como hemos mencionado en capítulos anteriores, uno de los momentos cruciales en la vida de Jesús fue su bautismo en el Jordán. Según el evangelio de Mateo, cuando salió del agua, se vieron los cielos abiertos y el espíritu de Dios bajó sobre él como paloma, anunciando a todos los allí presentes que aquel hombre era en realidad el Mesías esperado. Luego de esto, Jesús se retiró al desierto a meditar durante cuarenta días y cuarenta noches.

No podemos saber en qué posición meditaba Jesús, pero lo más probable es que, al igual que Buda, buscara resguardo a la sombra de algún árbol, y allí, sentado con las piernas cruzadas, se pusiera en contacto con su interior. El hilo conductor del proceso meditativo es prestar atención a la respiración. Percibir cómo el aire entra en el cuerpo y cómo sale de él. Cuando cerramos los ojos y nos fijamos en nuestro aliento, la mente se espiritualiza y se calma. Curiosamente, según la creencia hebrea, el verdadero nombre de Dios se esconde en la respiración de cada ser vivo.

Aunque la palabra Yahveh se ha traducido como «Yo Soy», y se supone que es el nombre con el que Dios se presentó ante Moisés en la cumbre del Sinaí, la cábala —mística judía— le atribuye otro significado bastante más profundo. Si cerramos los ojos y escuchamos nuestra respiración, nos daremos cuenta de que la inhalación suena naturalmente como la primera parte del nombre divino —Yah—, mientras que en la exhalación producimos un eco semejante a la palabra «Veh», completando así el sonido del Tetragrámaton. Por tanto, y aunque se supone que la ley hebrea prohíbe pronunciar las cuatro consonantes del nombre más sagrado, en realidad, como advierte el salmo 150: «Todo lo que respira, consciente o inconscientemente, está invocando a su creador». Algo que posiblemente Jesús conocía muy bien. Pasados esos cuarenta días, aquel hombre que se adentró en el desierto salió de él convertido en el Hijo de Yahveh.

A pesar de los fanáticos religiosos, que viendo no ven y oyendo no entienden, resulta obvio que, para Jesús, el Reino de los Cielos no era un lugar en la tierra, sino más bien un estado del ser que había que buscar dentro de uno mismo. De hecho, puede que el mismo Jesús sea igualmente un estado del alma al que el ser humano puede llegar hasta convertirse en un Cristo. En el evangelio apócrifo de Tomás también hallamos esta afirmación: «Si aquellos que os guían os dijeren: el Reino está en el cielo, entonces las aves del cielo os precederían. Y si os dijeran: está en el mar, entonces los peces os tomarían la delantera. Sin embargo, el Reino está dentro de vosotros [...]. Cuando lleguéis a conoceros a vosotros mismos, entonces seréis conocidos y comprenderéis que sois hijos del Padre Viviente».

Los antiguos sabios que estudiaron y compilaron los Vedas pensaban que sentarse en una posición adecuada, con la espalda recta, encendiendo la mirada interior, era la mejor manera de conocerse a uno mismo. Mediante la devoción y la observación de la mente, los yoguis podían trascender su propio cuerpo, alcanzando así el estado último del despertar. Y justamente eso es lo que Jesús expone en los versículos anteriores. De hecho, puede ser la descripción más hermosa de lo que significa alcanzar la iluminación que he leído en mi vida.

Aunque todavía muchos se empeñan en negarlo, la creencia en la reencarnación debió formar parte del canon hebreo del siglo I. En el evangelio de Juan, capítulo nueve, encontramos una historia cuando menos curiosa. Empieza el relato diciendo que pasó por delante de Jesús un ciego de nacimiento y los discípulos le preguntaron: ¿quién pecó para que naciese ciego, este o sus padres? Jesús, dirigiéndose al desdichado, se limitó a poner sus manos sobre él para sanarlo, evitando así contestar la incómoda interpelación. Y es que, según la creencia judía, el fruto del pecado era la enfermedad, por lo que necesariamente aquel hombre tuvo que arrastrar ese karma negativo de su anterior existencia, dado que no es posible que un feto pueda pecar estando en el vientre de su madre. Además, según el profeta Ezequiel 18:20, tampoco los hijos debían pagar por los pecados de los padres, sino que los justos recibirían el premio a su justicia y los malvados a su maldad.

Bhakti yoga

Actualmente, la práctica del yoga —técnicas para unir el alma individual con el Parabrahmán— puede dividirse en cuatro sistemas que suelen ser comparados con el ascenso de las cuatro laderas del Kailash, siendo el primero de ellos la práctica de Bhakti yoga o yoga de la devoción.

Krishna asegura en el Gita: «Si alguien me ofreciera con amor y devoción aunque fuera la sola hoja de un árbol, una flor, una fruta o incluso un vaso de agua, yo lo aceptaría».

Aunque Dios se manifiesta en lo externo, el *sancta sanctorum* de su templo es el corazón y la mente humana, capaces de vibrar con la sílaba sagrada y trascender las formas. En ocasiones, los antiguos Rishis parecen dar más importancia al descubrimiento de ese dios interior que a la revelación de una fuerza externa que, para ellos, resulta patente en todas partes.

La luz del hijo debía regresar al seno de la luz del Padre. El *Atmán* debía fundirse con el Paramatman. ¡Esa era la liberación! Practicar devoción —Bhakti— devuelve la consciencia a su origen, brillando con su claridad primigenia. Alejándonos de las tendencias negativas, Bhakti nos conduce hasta la naturaleza clara del alma que busca su fuente, y que al final se da cuenta de que la fuente, a su vez, siempre lo ha estado buscando a él. Un solo grano de arena no puede ser llamado desierto, de la misma manera que una sola gota de agua no puede ser llamada océano. Solo cuando la gota regresa al mar y el grano de arena retorna a las dunas, recuperan su auténtico nombre e identidad.

Un océano está formado por millones y millones de gotas de agua. Un desierto está formado por millones y millones de granos de arena. Pues bien, los atributos de Dios son como un desierto eterno de minúsculos granos y como un inconmensurable océano de amor sin orillas en el que, cuando te hundes, el ego se ahoga y desaparece. Tal vez por eso le tenemos tanto miedo al amor, porque es capaz de destruir completamente el hechizo de Maya. Solo cuando el alma individual —*jiva*— se sumerge en ese abisal océano, descubre que en realidad es un pedacito de Dios que, para distraerse, salió a ver el mundo. Y que en ese caminar se olvidó de su auténtica identidad y de que tanto el océano como el desierto siempre han estado en su interior.

Este velo que Dios puso en su creación, como mencionamos anteriormente, es Maya. Una ilusión que los jugadores deben descorrer para llegar a descubrir su verdadera esencia, teniendo que regresar a la casilla de salida tantas veces como sea necesario hasta concluir el encuentro con ellos mismos. Para eso es que practicamos Bhakti, para volver a recordar quiénes somos, puesto que, conociéndonos a nosotros mismos, conoceremos a Dios y él nos hará libres.

Uno de los aspectos más importantes de esta vía es intentar reconocer a Dios en toda su creación… y eso únicamente puede realizarse por medio del amor y de la compasión. La fe sin amor es como un jarrón en el que nunca se han puesto flores. Y la fe sin compasión es como el marco de un cuadro en el que no hay ningún lienzo pintado. Bhakti es el contenedor para que el amor y la compasión se asienten y tengan su morada.

Aunque el Parabrahmán ha encarnado innumerables veces para guiar al ser humano hasta la verdad de su ser, él no necesita encarnar, puesto que está en todos y cada uno de nosotros. De hecho, nunca ha habido dos, ni tres, sino solo uno. Él habita en nuestro interior sin por eso romper su unicidad. Aquel que es capaz de contemplar que la gloria de Krishna está presente en cada ser, y a la vez en todas las cosas, ese se hace uno con el Brahmán y alcanza la liberación —*moksa*—.

Quien consagra su vida a la divinidad con un amor sincero y su pensamiento no se aparta nunca de Dios, rápidamente llegará a vislumbrar a la divinidad en cada uno de los aspectos de su vida, trascendiendo las formas ilusorias y llegando a la verdad absoluta.

Uno de los mejores ejemplos en este sentido fue mi querido Jesús. Su amor por Dios no conoció ningún límite, llegando incluso a entregar su vida para cumplir el Dharma que se le había encomendado desde lo alto. Por tanto, podemos asegurar sin temor a equivocarnos que Jesús fue un maestro de Bhakti yoga, puesto que su primer mandamiento fue: «Amarás a Dios con todo tu corazón, con toda tu voluntad y con toda tu alma», Mateo 22:37.

Rendirse a los pies de loto de Dios es el camino hacia la liberación. En el Bhagavad Gita, Krishna le dice a Arjuna: «Abandona todas las religiones y entrégate únicamente a mí. Yo te liberaré de todo mal. ¡No temas!».

En el evangelio de Lucas, encontramos que Jesús es invitado a comer por un fariseo. Estando sentados en la mesa, se acercó una mujer pecadora y derramó sobre sus pies un frasco de alabastro lleno de perfume. Mientras se los ungía, derramaba igualmente lágrimas sobre ellos, las cuales secaba con sus cabellos.

Cuando vio esto el fariseo que le había convidado, dijo para sí:

—Si este fuera profeta, conocería quién y qué clase de mujer es la que le toca, que es pecadora.

Entonces respondiendo Jesús, le dijo:

—¿Ves esta mujer? Entré en tu casa y no me diste agua para mis pies, mas ella ha regado mis pies con lágrimas y los ha enjugado con sus cabellos. No me diste ningún beso; mas esta, desde que entré, no ha cesado de besar mis pies. No ungiste mi cabeza con aceite, mas ella ha ungido con perfume mis pies. Por lo cual te digo que sus muchos pecados le son perdonados, porque ella amó mucho. —Entonces se dirigió a la mujer y le dijo—: No temas hija. Tus pecados te son perdonados.

Karma yoga

El segundo sendero es el del Karma yoga o la práctica de la acción desinteresada con el objetivo de alcanzar la unión con la eternidad. Con cada acto y palabra que pronunciamos, consciente o inconscientemente esperamos una respuesta positiva por parte de las personas que nos rodean, e incluso que el universo se incline a nuestro favor. El karma nos encadena tanto a nuestras acciones como al resultado de las mismas. Sin embargo, el practicante de Karma yoga no espera nada por sus acciones virtuosas. Sencillamente hace lo que es mejor para los demás por pura compasión y ofrece los resultados a Dios.

Al igual que las nubes riegan los campos para que el sembrado crezca y los árboles den sus frutos, pero no se detienen a enorgullecerse del resultado de su acción, el practicante de Karma yoga trata de alumbrar con su luz la vida de los demás, para que viendo las buenas obras que hacen glorifiquen al Padre que está en los cielos.

Ya que el ego busca siempre ser el centro de atención, el Karma yoga aniquila al actor y se desentiende de la recompensa de la actuación. En este sentido, Jesús fue un gran practicante de Karma yoga, poniendo el ego al servicio del amor cuando lavó los pies de sus discípulos sin importar su condición de Hijo de Dios. Al igual que cuando sanó a un leproso, pero le prohibió que revelase que había sido él quien lo había curado. No en vano el segundo de sus mandamientos fue: «Amarás al prójimo como a ti mismo», Mateo 22:39.

Jesús hizo del amor y de la compasión su estandarte sin buscar protagonismo. De hecho, él mismo declaró que no podía hacer nada por su cuenta, sino que hacía lo que había visto hacer a su Padre. Es decir, que todo el mérito era del Brahmán.

Raja yoga

La siguiente ladera del Kailash comprende el Raja yoga o yoga Supremo. El erudito indio Patanjali, hacia el año 150 a. C., documentó los ocho pasos de este arte en su obra *Yoga sutras*, siendo uno de los escalones más importantes, la práctica de la meditación o *dhyana*.

Para muchos meditar es sinónimo de recordar, ya que se han olvidado de quiénes son. A otros les gusta más la palabra «familiarizarse», porque, de tantas máscaras como se han puesto para relacionarse con el mundo, se han convertido en extraños incluso para sí mismos. Algunos prefieren pensar que meditar es un adiestramiento de la mente, pues se han dado cuenta de que en ella se esconde la llave de la felicidad. Para mí, meditar es buscar el silencio, porque el silencio está lleno de paz, serenidad y mucho amor. Por eso creo que meditar es sinónimo de aprender a amar y de buscar un refugio interior al abrigo de las emociones negativas y de las personas tóxicas.

Muchos dicen que meditan para conocerse y reconocerse. Otros lo hacen para viajar hacia la inmensidad sin necesidad de intermediarios. Algunos se sientan con la espalda recta para conseguir la unión mística con el ser supremo, con lo divino, con lo inefable, con el Brahmán. Cuando yo me siento y cierro los ojos, viajo hacia un lugar donde los pensamientos se quedan atrás. Un espacio donde no hay nada, pero tampoco está vacío. Es como una tierra pura donde habita la conciencia y los pensamientos aún no han llegado. De hecho, la puerta hacia ese lugar se abre entre el pensamiento que ha pasado y el que está por llegar. En ese sitio encuentro una extraña paz que me reconforta.

Realmente no sé si eso es meditar, pero lo que sí sé es que, en ese estado, el silencio se hace canción y a veces suena como alguno de los nombres de Dios. Otras veces me parece que es como un universo interior que el Brahmán no ha acabado de construir y que me invita a hacerlo a mí. Pero, para ser sinceros, no siempre consigo llegar a este estado.

A veces, cuando me siento y cruzo las piernas, observo cómo el deseo invade mi mente y me llena de agitación. Otras veces, cuando la vida no me aporta lo que quiero, me doy cuenta de que el deseo se convierte en frustración, y la frustración se muda en otras tantas emociones negativas relacionadas con la tristeza y la ansiedad. Mientras eso sucede, yo observo el deseo, observo la tristeza, observo la ansiedad y sonrío pacíficamente. A esa sonrisa, en la India, también la llaman meditar.

Meditar es el arte de estar presentes, de no dejar escapar el aquí y el ahora y de disfrutar el instante. El evangelio de Mateo 14:23 indica que, después de despedir a la gente, Jesús se apartaba a las montañas para orar y meditar a solas. Y es que buscar la soledad, aunque sea por unos breves instantes, es otra manera de recargar las pilas para regresar a la lucha contra la oscuridad que se manifiesta a nuestro alrededor. Con todo, en esa soledad, nadie está solo, sino consigo mismo. Y ese *consigo mismo* es otro de los nombres de Dios.

Jnana yoga

Tras el sendero de la devoción, de la acción y de la meditación, llegaremos a la última etapa, el yoga de la Sabiduría o Jnana yoga. Después de haber indagado en nuestra alma, el siguiente paso será estudiar las escrituras sagradas, así como la vida y obra de los maestros ascendidos de todas las religiones. Muchos yoguis piensan que la verdad únicamente se encuentra en los Vedas, en los Upanishads, en el Ramayana o en el Bhagavad Gita. No obstante, si hacemos eso estaríamos podando el árbol de la sabiduría y despreciando la parte de Dios que no fue traída a la India, a Judea o a cualquier otra parte del mundo.

Si indagamos en la Torah, no encontraremos ni rastro del ritual del bautismo por ningún lado. Este ritual fue una innovación de Juan, a quien Dios le inspiró que sumergiese en las aguas a los que quisieran nacer de nuevo, saliendo del líquido amniótico del Jordán para comenzar una nueva vida consagrada a la divinidad. Si Juan se hubiera remitido únicamente à las Escrituras hebreas, jamás habría sido el iniciador de un ritual tan simbólico como místico. De hecho, tiempo más tarde, Jesús utilizará este *nacer de nuevo* para decirle a Nicodemo dónde se encontraba el reino de su Padre y tomará el ritual de Juan como parte de su propio ministerio. Así fue cómo Jesús le concedió al Espíritu Santo la importancia que los sacerdotes y escribas le habían arrancado.

Antes de que el hijo de María sacase al Espíritu Santo del baúl de los recuerdos, esperar obtener una respuesta directa por parte de la divinidad se consideraba herejía. Todas las cuestiones, ruegos y súplicas debían pasar primero por los sacerdotes o brahmanes, los cuales, a través de diferentes sacrificios, elevarían las demandas de los interesados al trono de Dios. Consumada la ofrenda, se leerían los oráculos y posteriormente darían a los devotos la contestación oportuna.

El profetismo, por otra parte, podía revelarse mediante raptos de conciencia, visiones, cercanía a la divinidad, audiciones prodigiosas o exaltaciones metafísicas. Estos hombres y mujeres estaban considerados como elegidos por Dios, acertasen o no en sus vaticinios.

Cuando Jesús envió el Espíritu Santo el día de Pentecostés a sus discípulos, lo que realmente estaba haciendo era consagrándonos a todos como profetas del Altísimo, derribando de un plumazo la labor de intermediación de los sacerdotes, profetas y brahmanes, los cuales, desde aquel momento, ya no hacían ninguna falta, puesto que cada uno podía dirigirse directamente a la divinidad y además esperar su respuesta.

A través de este hilo directo con Dios, puede que en algún momento se nos exhorte a poner en duda las Escrituras. Que en alguna ocasión se nos inste a consultar los libros sagrados de otras religiones. Incluso puede que en cierto momento se nos incite a salirnos del camino. Pero lo que los ortodoxos no han acabado de comprender es que ese *salirse del camino* también forma parte del camino, y que todos los seguidores de Jesús somos a la vez profetas y sacerdotes del Altísimo sin la necesidad de pertenecer a ninguna iglesia.

Según la mitología egipcia, el dios Osiris fue desmembrado por su hermano Seth y los trozos de su cuerpo repartidos por todo el mundo. Cuando su mujer, Isis, se enteró de lo que había sucedido, no dudó en emprender la búsqueda de los fragmentos de su marido para volver a reunirlos y traerlo de nuevo así a la vida. Como podremos intuir, la aventura de Isis —que representa el alma humana—, es en realidad la búsqueda de un Dios que hemos perdido, pero que podemos recuperar si conseguimos reunir todas sus fracciones. Curiosamente, en ninguna parte del relato se nos dice que esas porciones de la divinidad están solo en Egipto o en la India… Dios se ha repartido por toda la tierra para llegar a toda la humanidad. Y únicamente quien comprende esto, estará a salvo de caer en el fanatismo religioso.

Posiblemente el Corán sea el tercer volumen que le falta a la Biblia, de la misma manera que el Nuevo Testamento sea el libro que le falta al *Mahabharata* y al Adi Granth. Un viejo refrán sufí asegura: «Comete pecado de idolatría quien adora a una religión en lugar de adorar a Dios». (Más información en mi libro: *Sufismo desde el corazón*. Editorial Almuzara).

El Jnana yoga tampoco tiene nada que ver con la capacidad de memorizar textos sagrados, sino más bien con experimentar esas verdades por uno mismo. Judas Iscariote estuvo todo el tiempo al lado de Jesús, escuchó sus palabras y presenció sus milagros, pero como no fue capaz de interiorizar esa información, al final acabó traicionando a su maestro, que era el mismísimo Dios encarnado.

Hace mucho tiempo, un gran místico de origen argelino gustaba frecuentar las clases de ciencias islámicas que se impartían en las madrasas de los pueblos cercanos. Una de las órdenes más duras que le impuso su maestro, según él mismo relató, fue el abandono total de aquellas reuniones para dedicarse completamente a la recitación de mantras y a la meditación en los nombres de Dios. Tiempo después, tras haber pulido las perlas de su rosario de oración, su maestro le dijo que podía regresar a las clases ortodoxas, las cuales, según el joven místico: «Ya no causaban en mí la misma atracción, puesto que mi comprensión iba más allá del sentido literal del texto y me anticipaba a lo que el imán quería explicarnos».

Sinceramente, no recuerdo que mis profesores de primaria y secundaria me hablaran de la magia que se respira a la vera del Ganges, escuchando y repitiendo los sagrados mantras que propone el hinduismo. Tampoco recuerdo que me dijeran nada acerca de la sabiduría que encierra la reflexión silenciosa de los numerosos versos de los Vedas y del Bhagavad Gita. Desgraciadamente, no me hablaron de las joyas que llevo en el interior de mi cuerpo, ni de cómo sacarlas fuera para que brillen al sol. No me enseñaron a dominar mis pensamientos, ni a subyugar mis bajas pasiones, ni a comprender mis instintos.

Ningún libro de texto me advirtió de la riqueza de la búsqueda espiritual, ni de la pobreza de quien está sometido a la ignorancia, ni de la soledad del sendero del conocimiento. Durante años, mis tutores se empeñaron en obligarme a memorizar datos y más datos supuestamente fundamentales para la formación de mi personalidad; sin embargo, no me sirvieron absolutamente para nada en la vida. Tristemente, nadie me enseñó lo único verdaderamente importante, lo único auténticamente relevante: a conocerme a mí mismo, a buscar la autorrealización y a ser mejor persona.

Sabemos que aunque Jesús citó las palabras de la Torah y de los profetas, lo hizo precisamente para instar a sus oyentes a intentar vivir la experiencia de Dios por sus propios medios. En Mateo 11:29-30 dice: «Llevad mi yugo sobre vosotros y aprended de mí, que soy manso y humilde de corazón; y hallaréis descanso para vuestras almas; porque mi yugo es fácil, y ligera mi carga».

En la Palestina del siglo I, cuando un rabino tomaba a un aprendiz a su cargo, solía decirse que el muchacho había aceptado el yugo del maestro. En ocasiones, la interpretación de la ley hebrea por parte de los magistrados era tan rígida que realmente podía compararse con una auténtica losa, de ahí que Jesús matice que el hombre no fue hecho para el sábado e incluso que se atreva a sanar durante el día de reposo, provocando el escándalo de los eruditos.

El judaísmo de Jesús, a través de la propia experiencia de Dios, comenzó a trascender las formas, otorgándole una nueva vida; un sentido que iba más allá de la letra muerta. Él percibía en el alma la llamada de un Dios muy cercano. Un Padre que buscaba en los caminos acompañar al pobre y al vagabundo, que eran sus verdaderos hijos. Cristo ha visto el rostro de Dios en los necesitados, por eso los busca y les da consuelo. Ve la mano del Señor en su creación y no se preocupa de lo que puedan pensar los sacerdotes. En cambio, utiliza un lenguaje inspirado por su propia experiencia para que, quien le oiga, pueda sentir a ese Dios bueno que late también dentro de todos los corazones. Por esta realización, supo llegar a la gente con autoridad y no como los escribas, que tan solo repetían palabras que ni siquiera comprendían, Marcos 1:21-22.

Como acabamos de demostrar, Jesús recorrió todos los senderos del yoga, coronando la cima del Kailash. En el Gita, Krishna afirma: «Yo soy el camino que conduce al encuentro definitivo con la verdad suprema [...]. Por ese camino es que tú hallarás la vida eterna». En el evangelio de Juan, por otro lado, Jesús dice de sí mismo: «Yo soy el camino, la verdad y la vida». Exactamente las mismas palabras que en su anterior encarnación como Krishna. Quien tenga oídos que oiga...

El profeta Isa en la mística islámica

«El cuerpo es purificado por el agua. El ego es purificado por las lágrimas. El intelecto es purificado por la humildad y la sabiduría. Pero el alma solo se purifica con amor». Ali ibn Abu Talib.

Esa noche no pude pegar ojo. La emoción de haber escuchado la sílaba OM y la culpa por no haber salido del coche para proteger a Krishna hicieron que mi alma se balancease entre el gozo y la tristeza más absoluta. Echado sobre la cama, no podía quitarme de la cabeza el rostro del pequeño, ni la mirada de asombro del asceta que lo devolvió al templo.

Con los primeros rayos del amanecer, la llamada a la oración de una mezquita cercana llegó a mis oídos invitándome a acudir al encuentro del dios de los musulmanes. La voz del almuédano traspasó mi corazón como si fuera un rayo de luz y no dudé en saltar de la cama, lavar rápidamente mis manos, cara y pies, como manda la religión árabe, para salir a buscar la aljama. En el fondo de mi alma sabía que tenía que pedir perdón a Krishna aunque fuese con el nombre de Allah.

A poco más de cien metros del hotel, un pequeño local con el suelo cubierto con alfombras acogía a apenas unas quince personas que esperaban arrodilladas el momento en que el imán comenzara a salmodiar las primeras estrofas del libro sagrado de los musulmanes. Por suerte para mí, mi primer maestro de meditación fue Sheij Nazim al-Haqqani (1922-2014 d. C.), un místico islámico vinculado a una antigua cofradía sufí, el cual tuvo a bien además instruirme en los secretos de la religión del desierto.

Lefke es una pequeña localidad al norte de Chipre, en la zona ocupada por Turquía, donde Sheij Nazim, a quien nosotros llamábamos cariñosamente Mawlana —que quiere decir maestro—, tenía su residencia. Junto a su modesta casa, en cuyo dintel podía leerse «Malik ul Mulk» —uno de los nombres más bellos de Allah—, se erigía la sala que hacía las veces de comedor y una pequeña mezquita, donde solían arribar viajeros de todo el mundo con la esperanza de poder rezar junto al líder de la cofradía Naqshbandi, y a ser posible, recibir sus instrucciones espirituales.

Sheij Nazim era tataranieto de dos de los más grandes santos de oriente: Djalal al-Din Rumi, el fundador de los derviches giróvagos de Konya, y Sheij Abdul Qadir Gilani, creador de la *tariqa* —cofradía— Qadiriyya.

Sheij Nazim tenía fama de milagrero. Muchos aseguraban haberlo visto en dos sitios diferentes al mismo tiempo. Otros juraban que podía leer el corazón de sus discípulos, así como el de la gente que acudía a él para pedir su intercesión ante Allah. Pero en lo que todos estaban de acuerdo era que nuestro maestro, con ochenta y tantos años, solía comportarse como un niño travieso que buscaba aleccionar a sus seguidores haciéndoles guiños y bromas para sacarles una sonrisa y que en sus corazones se despertase ese amor que siempre va precedido de la ternura. Lo que marida a la perfección con las palabras de Jesús cuando dijo: «Si no os volvéis como niños, no entraréis en el Reino de los Cielos».

Entre los discípulos de Sheij Nazim es famosa la historia de cuando unos altos dignatarios del petrodólar lo visitaron para llevarle como ofrenda una gran suma de dinero con la esperanza de comprar su favor y que dejase de criticar la disoluta vida de muchos magnates. Aunque llegaron a la Dergah —espacio de culto sufí— en autos de lujo, rodeados por un gran séquito y mirando por encima del hombro a todos los que estábamos allí, Sheij Nazim los hizo esperar como a cualquiera, los recibió como a todo el mundo, los bendijo con sus habituales palabras y los despidió como a cualquier otro.

Pero lo más sorprendente es que cuando se marcharon y pasó la siguiente persona, el Sheij —jeque— se percató de que era un pobre hombre que ni siquiera tenía un par de monedas en los bolsillos para comprarse unas sandalias nuevas, por lo que no dudó en levantarse de su asiento y darle todo el dinero que sus anteriores visitantes le habían entregado.

Sheij Nazim, como Jesús, no solamente había vencido las tentaciones del diablo —Mara—, sino que además cumplía a rajatabla las palabras del hijo de María cuando dijo: «Dale todo lo que tienes a los pobres y tendrás un tesoro en el cielo».

Únicamente a su lado descubrí que todavía en este mundo quedan lugares donde los milagros están a la orden del día. En aquel pequeño rincón del planeta todo fluía de manera maravillosa y cualquiera podía beneficiarse de la magia de Sheij Nazim sin tener que sacar su tarjeta de crédito para pagar por el alojamiento o las enseñanzas.

A la hora de almorzar, el cocinero repartía entre quienes abarrotábamos el claustro los cinco panes y dos peces que había estado preparando durante la mañana, sobrando incluso doce canastas llenas de alimentos que al final guardábamos para la cena. Y no porque estos se hubieran multiplicado milagrosamente, sino porque cada quien ponía en la mesa lo que había traído consigo y lo compartía con los demás.

El último día de mi estancia en la Dergah supe que Sheij Nazim había accedido a recibirme personalmente, lo que me daría la oportunidad de preguntarle todo lo que quisiera sin reserva alguna. (Más información en mi libro: *Sufismo desde el corazón*. Editorial Almuzara). Cuando cayó la noche, su hombre de confianza vino a buscarme y me condujo por un estrecho pasillo hasta una pequeña habitación rodeada de divanes, donde Mawlana me estaba esperando mientras canturreaba para sus adentros algunos salterios del Sagrado Corán.

Parado en la puerta, intentando grabar su imagen en mi memoria, no pude evitar recordar los versículos que aseguran que Jesús, tras la celebración de la última cena, cantó los himnos prescritos para la Pascua judía —Salmos 113 a 118— y luego partió hacia el monte de los Olivos para ser prendido.

Allí, contemplando la escena, intentando no alterar demasiado su estado de comunión divina, casi por un momento me pareció ver en Mawlana un fiel reflejo de Jesús de Nazaret. Luego, cuando se percató de mi presencia y me miró a los ojos, supe a ciencia cierta que de alguna manera él también podía verme por dentro.

Sheij Nazim era capaz de mirar hacia arriba, hacia Dios; pero también hacia dentro, hacia los corazones de los seres humanos y ver qué escondemos en nuestros pechos. Empero, aun conociendo esto, no me sentí en absoluto juzgado por su mirada, sino más bien iluminado, bendecido e incluso perdonado. Posiblemente, algo muy parecido a lo que tuvieron que sentir todos aquellos que tuvieron la fortuna de contemplar la mirada del hijo de María en algún momento de su vida.

Si la doctrina de Jesús representaba la quintaesencia del misticismo judío de su época, el sufismo es la vía interior de la religión mahometana. Cuentan los viejos barbados de los desiertos de Arabia, que cuando los contemporáneos del profeta Muhammad aceptaban el islam, eran impelidos a repetir públicamente el testimonio de fe. Luego, cumpliendo con los cinco pilares del credo islámico, ya eran musulmanes.

No obstante, unos pocos elegidos fueron conducidos a un lugar apartado y allí se les pidió que renovaran su juramento de fidelidad, estrechando la mano y mirando directamente a los ojos del apóstol árabe, el cual derramó en sus corazones parte del secreto de su esencia. Ese fue el principio de la cadena de oro de la mística islámica, también denominada sufismo, reservada únicamente para la élite espiritual.

Con el tiempo, cuando el profeta Muhammad y sus más íntimos amigos hubieron desaparecido, irían conformándose discretas hermandades en torno a la memoria de alguno de aquellos elegidos originales, entre los que destacaron el primer califa Abu Bakr as-Siddiq y Ali ibn Abu Talib, el primo del profeta. Empero, el sufismo también sostendrá que, aunque el sello de la profecía se hubo completado con Muhammad, los nuevos líderes que fueron surgiendo de entre la comunidad de fieles serían bendecidos, amparados e incluso inspirados por muchos de los profetas nombrados tanto en el Sagrado Corán como en la Biblia, los cuales además consentirían en cederles parte de su propia personalidad para que se convirtieran en reflejos suyos en la tierra, llegando también algunos a parecérseles físicamente.

El famoso islamólogo Martin Lings, en su obra *Un santo sufí del siglo XX* —José J. de Olañeta Editor, 2001—, recoge las impresiones del doctor Marcel Carret cuando visitó a Sheij Ahmad Mustapha Alawi, tal vez uno de los más destacados maestros espirituales del norte de África:

> Lo que me impresionó del Sheij, en primer lugar, fue su parecido con el rostro con el que se acostumbra representar a Cristo. Sus ropas eran tan parecidas, si no idénticas, a las que debió llevar Jesús. El velo de tela muy fina que enmarcaba su cabeza, su postura, todo, en fin, contribuía a intensificar este parecido. Se me ocurrió la idea de que aquel debía ser el aspecto de Cristo cuando recibía a sus discípulos en casa de Marta y de María.

Atraídos como limaduras de metal por el imán de la espiritualidad, muchas personas empezaron a buscar maestros que les enseñaran a transitar por el sendero religioso sin tener que someterse ciegamente a una interpretación ni demasiado severa ni demasiado laxa de la Sharia —ley islámica—. Guías que hubieran comprendido, vivido, experienciado e incluso saboreado la cercanía con el Creador y que pudieran compartir ese sentimiento, e inclusive mostrar el sendero de la iluminación a aquellos que no podían transitarlo por sí solos. De esa manera, el esoterismo islámico conservó la fórmula de transmisión espiritual de maestro a discípulo que utilizaron tanto el profeta Muhammad como Jesús de Nazaret —cuyo nombre islámico es Isa—, pero que por una razón u otra el cristianismo posterior dejaría en desuso en favor de la obediencia a una institución formal llamada Iglesia.

Esa transmisión conllevaba además toda una serie de connotaciones metafísicas, como la sanación de las faltas del iniciado, el poder de expulsar demonios y la proximidad a Allah a través de la recitación de las diferentes jaculatorias específicas de cada cofradía.

Tanto los Sheij —jeques— como las Sheijas —jequesas—, instruían con plena autoridad a sus discípulos, no como los maestros ortodoxos, que únicamente repetían las palabras que habían leído en los textos antiguos, sin haber degustado el dulce sabor del vino añejo de la proximidad a Allah. Una bebida profana para el islam exterior que sin embargo el sufismo vinculará con el *bouquet* de la santidad —*zoq*— el cual despertaba en el neófito los estados de ebriedad necesarios para que se diese la comunión divina. Los éxtasis contemplativos en los que los seres humanos ascendían, emulando el viaje iniciático del profeta Muhammad —Al Isra— desde La Meca hasta el trono de Dios pasando por los siete cielos en una sola noche, donde acabarían por disolverse en aquel cuya presencia es música, concluyendo de esa manera el camino de retorno a su Señor.

Será precisamente en el segundo cielo donde el apóstol árabe tenga un encuentro cara a cara con Jesús, que según la creencia mahometana estaría morando en aquel plano hasta su segunda venida a la tierra, en la que comandará los ejércitos de la luz en la lucha contra el anticristo.

A lo largo de la literatura sufí encontramos descaradas referencias y exhortaciones a la ingesta del néctar de la uva que escandalizarán no solo al común de los creyentes, sino también a los clérigos más permisivos, los cuales no dudarán en rasgarse las vestiduras, ignorando el simbolismo que se acertaba oculto detrás de frases como: «Sin vino no se puede recorrer la senda del amor, pues cordura y delirio nunca pueden viajar juntas», Javad Nurbakhsh. O: «Ese vino que beben los enamorados no tiene copa ni cabe en ningún cáliz», Farid ud-Din Attar.

Este recurso lingüístico íntimo y personal será utilizado por cada maestro de la vía esotérica para revelar los misterios del reino de Dios únicamente a aquellos que estuvieran dispuestos a emborracharse con el néctar del amor. A los demás, solo en parábolas, para que viendo no viesen y oyendo no escuchasen.

Y es que ese vino, que años atrás Jesús trasformó en su propia sangre, no solo quitaba los pecados, también limpiaba el alma de toda impureza, cambiando sus cualidades negativas por inteligencia, compasión, sabiduría y paciencia. Como era de esperar, esta libertad de pensamiento causará verdadera inquietud y beligerancia entre los fariseos de las escuelas tradicionales, que no tardarán en cobrarse la vida de todos aquellos que se atrevieron a ir más allá de lo que pudiera coger en sus estrechas mentes.

Fue así como, de la noche a la mañana, los que decidían seguir el modelo de Jesús, por muy musulmanes que fueran, acabaron juzgados y condenados a la cárcel, al destierro e incluso a la pena capital. Uno de los ejemplos más conocidos es el del erudito al-Hallaj (875-922 d. C.) Siendo su abuelo practicante de la antigua religión de Ahura Mazda, el crisol de culturas que proliferaba en la Persia recién conquistada por el islam favoreció que el joven se inclinase por una forma de concebir la espiritualidad musulmana bastante más ecuménica que la de sus correligionarios. Pero sería el ejemplo del profeta Isa (Jesús) lo que finalmente lo transportaría de una estación espiritual a otra más elevada en poco tiempo.

Al-Hallaj encontró en el hijo de María el sumun de un amor capaz de unir los opuestos. Cuando el amor aparecía, cualquier otra cosa era consumida por el fuego de esa pasión, viéndose embriagado en innumerables ocasiones por arrebatos místicos, en los que aseguraba estar en presencia de Allah, e incluso que el Creador se expresaba a través de su boca.

Cuenta la tradición que, mientras estaba dando un discurso en Bagdad, su alma se escapó del cuerpo y ascendió al octavo firmamento, llamado también al-Kursi —el trono de Dios—, el cual estaba hecho de la perla más blanca jamás vista. En ese estado de embriaguez se le escuchó pronunciar las palabras de Jesús: «Yo soy la Verdad». Que para la mentalidad árabe era lo mismo que decir: «Yo soy Dios».

Aquella blasfemia lo conduciría directamente a prisión, en donde se pasó once años hasta que fue crucificado y posteriormente decapitado. Pero lo más extraño de todo es que, cuando su cuerpo sin vida cayó a la tierra, la sangre que brotó de él fue dibujando en el suelo el nombre de Allah, lo que acabó de convencer al vulgo de que aquel hombre verdaderamente era otro de los hijos de Dios.

Alentados por la célebre frase del profeta Muhammad: «La persona más cercana a Jesús soy yo», la inmensa mayoría de maestros sufíes se verán inclinados a seguir el ejemplo del Nazareno con total libertad. El profeta Isa era célebre por interpretar la ley a su manera. Una acusación que será imputada en innumerables ocasiones a los diferentes Sheij de las distintas comunidades. Jesús era capaz de hacer milagros y con su sola presencia echaba fuera a los demonios (Lucas 8:26-39). Como curiosidad, en el norte de Marruecos, los sufíes todavía son buscados para exorcizar no solo a personas que están siendo atormentadas por Djinns —genios—, sino también para limpiar lugares de presencias oscuras.

Jesús compuso sus propias oraciones, como el padrenuestro, e inventó decenas de cuentecillos y parábolas para mostrar a sus seguidores las verdades más elevadas a través de sencillas analogías. Los líderes de cada cofradía, igualmente, compondrán sus oraciones y cuentos, que serán transmitidos a sus oyentes para ayudarles a comprender los secretos del universo interior y exterior.

Muchos pensaban que la saliva de los jeques tenía el poder de sanar enfermedades, por lo que no era extraño ver pugnar a sus devotos por hacerse con el vaso donde el maestro había bebido unos sorbos antes de dirigirse a la muchedumbre y apurar el agua de vida que todavía quedaba en el fondo del mismo. Con todo, no podemos decir que esta práctica sea nueva. Según el evangelio de Marcos, Jesús de Nazaret, abandonando el territorio de Tiro, pasó por Sidón, donde le presentaron a un sordo que, además, apenas podía hablar. Continúa el relato asegurando que Cristo, apartándolo de la gente, le metió los dedos en los oídos y con su saliva le tocó la lengua. Luego, oteando el firmamento, suspiró y dijo: «Effetá», que quiere decir: «Ábrete». Y al momento se le abrieron los oídos, se le soltó la traba de la lengua y comenzó a hablar sin dificultad.

No eran pocos los que acudían a ver a los maestros sufíes rogándoles que rezasen por ellos para que sus faltas fueran perdonadas o esperando que realizaran algún milagro que los librara del infortunio. Era tal la fama de su santidad, que a veces los fieles no cabían dentro de las mezquitas y tenían que esperar fuera para verlos pasar con la esperanza de tocar el borde de sus túnicas; lo que sin duda nos recordará el episodio de la mujer hemorroísa —relatado en los sinópticos—, la cual, cuando oyó hablar de Jesús, fue por detrás de la multitud y le tocó el manto, diciéndose a sí misma: «Si tocare tan solamente su ropa, seré sanada».

Yo mismo tuve cientos de experiencias de este tipo mientras estuve en la Dergah de Sheij Nazim. Recuerdo que con la caída del sol, el grupo de viajeros españoles que habíamos arribado a Lefke, tras los sermones del maestro, solíamos acercarnos a una tetería próxima para conversar sobre lo que habíamos escuchado, intentando guardar con tinta indeleble en el papel de nuestra alma todas aquellas enseñanzas. Una de esas noches, dejando que mis compañeros fueran un poco por delante mientras yo me ocupaba de contar el dinero que todavía me quedaba en el monedero, presencié una escena que tal vez no pertenecía a este tiempo.

Junto al sendero que desembocaba en la casa de Mawlana, vi un hombre joven, con barba, conduciendo un gracioso borriquito, mientras su mujer embarazada, de rostro inmaculado, iba subida a lomos del pollino, montándolo de medio lado. Sus miradas estaban cargadas de amor, paz y humildad. Una imagen anacrónica que quizás realmente estuviese sucediendo en otro tiempo y en otro lugar, pero que yo, por alguna suerte de hechizo, pude ver en aquel instante.

Al pasar a su lado, el hombre me saludó amablemente, como prescribe la costumbre semita. Al oír su voz, un extraño sentimiento inundó mi alma y vino a mi mente la figura de la Virgen María y de san José, y me maravillé con la visión de sus rostros. No obstante, ellos siguieron su camino hacia Belén y yo continué con el mío, guardando estos misterios en mi corazón.

Mis compañeros, hartos de esperarme, empezaron a reclamarme a voces desde lo alto de la vereda. Cuando por fin llegué a su altura, me excusé explicándoles que me había entretenido saludando a la extraña pareja que acababa de bajar. Sin embargo, ellos se encogieron de hombros y me preguntaron de qué pareja estaba hablando. No obstante, tampoco quise insistir. Ya me estaba acostumbrando a vivir rodeado de milagros.

Contrariamente a la opinión del vulgo, que testifica que las riquezas son una clara indicación del favor divino, Jesús aconsejaba el desapego de este mundo en favor del reino de su Padre. «Nadie puede servir a dos señores, o sirves a Dios o a las riquezas», Mateo 6:24. Curiosamente, la palabra «sufí» proviene del árabe y significa «lana», ya que los sufíes eran reconocidos por vestir prendas muy humildes, acordes a su estilo de vida.

Una de las cofradías más conocidas debido a sus extravagantes prácticas y a sus poderosos rituales fueron los Isawa. Fundada en Meknes — Marruecos— por Sheij Muhammad al-Hadi Ben Isa (1467-1526 d. C.), su fama pronto traspasará las fronteras de su país natal para extenderse por todo el Magreb. Debido a la opinión de que la presencia de alguno de sus miembros atraía todo tipo de bendiciones, estos eran reclamados para realizar sus ceremonias durante cualquier celebración, tanto pública como privada.

El Dhikr —recuerdo de Dios— incluía la recitación de diversos versículos del Sagrado Corán, unidos al canto de las *qasidas*, poemas piadosos creados por el fundador de la vía iniciática, que se intercalaban con la repetición de los más bellos nombres de Allah. Acompañados de sencillos instrumentos de percusión y viento, los recitadores pronto empezaban a seguir el compás de la melodía con sus propios cuerpos, meciéndose adelante y atrás cual juncos movidos por la corriente del amor divino.

A medida que el ritmo iba subiendo y la letra siendo más profunda, los cofrades iban levantándose del piso, dándose las manos y creando círculos concéntricos, en los que sus respiraciones llegaban a fundirse en el nombre más sagrado; que, aunque para el hinduismo sea la sílaba OM, para los musulmanes es Allah. Cuenta la tradición que era tan bello verlos danzar, que cualquier espectador podía unírseles si era capaz de adherirse al equilibrio de sus respiraciones, llegando de esa manera a un estado espiritual que las palabras no pueden describir.

Durante ese viaje extático, los Isawa eran capaces de subir hasta la presencia de Dios, por lo que sus cuerpos, que quedaban en la tierra, no sentían ningún dolor, ni derramaban el menor rastro de sangre al ser traspasados por cualquier objeto punzante.

Crónicas antiguas aseguran que en Nigeria, antes de la aniquilación de cristianos y sufíes por grupos de fanáticos extremistas, sobrevivía una cofradía conocida como Isawi Mallan —no confundir con la de origen marroquí—, cuyos miembros se llamaban a sí mismos «los ayudantes de Jesús». Estos eran discípulos del célebre erudito Mallan Ibrahim, quien parece ser encontró la muerte en el mercado de Kano a manos del emir de la ciudad por el supuesto pecado de seguir vehementemente a Cristo.

Su inmediato discípulo, Yahaya, profetizó que hombres venidos del oeste les traerían buenas nuevas con respecto al profeta Isa. Y el vaticinio se cumplió en 1913, cuando dos Isawi se encontraron con los cristianos de la misión de Zaria que dieron cobijo a su comunidad y la protegieron frente a los intolerantes que buscaban su aniquilación por herejía.

Pero si hay una hermandad que pueda vincularse directamente con Jesús de Nazaret, esa es la Mariamiyya. El suizo Frithjof Schuon (1907-1998 d. C.), más conocido en el mundo islámico como Sheij Isa Nurddin, sorprendió a todo el mundo asegurando haber tenido un encuentro espiritual con Jesucristo y la Virgen María. Y no sería de extrañar, puesto que muchos místicos piensan que Jesús no fue sino un maestro sufí que se adelantó a su tiempo, y que el sufismo sería en realidad el auténtico cristianismo que paradójicamente habría perdurado a lo largo de los siglos bajo el seno del islam.

Jesús es tan importante para los musulmanes que aparece nombrado veinticinco veces en el Sagrado Corán. María, por su parte, lo hace en treinta y cuatro ocasiones, además de protagonizar dos capítulos, el diecinueve —que lleva su nombre—, y el tres, donde se relata cómo seres celestiales le dieron de comer cuando estaba sirviendo en el Templo de Jerusalén.

Será en el versículo cuarenta y cinco de ese mismo capítulo donde localicemos la versión islámica de la Anunciación, que dice así:

> Y los ángeles indicaron:
> —María, Allah te anuncia la buena nueva de una Palabra procedente de Él. Su nombre será el Ungido, Jesús, hijo de María. Tendrá un alto rango en esta vida y en la próxima.

Algo más adelante, en el versículo cincuenta y cinco, encontramos esta promesa de Dios a los cristianos: «¡Jesús! Voy a elevarte ya hacia Mí y voy a preservar tu pureza de los que no creen. Hasta el Día del Levantamiento, consideraré a los que te hayan seguido por encima de los que se hayan negado a creer». Y cuatro líneas después podemos encontrar: «Para Allah, Jesús es semejante a Adán, a quien creó de la tierra, y a quien dijo ¡sé!, y fue».

El profeta Muhammad no verá en Jesús una manifestación del Dios único, ni tampoco consentirá en llamarlo hijo de Allah. Como acabamos de ver, el Sagrado Corán afirma que Jesús era la palabra de Dios, e incluso en otras estrofas veremos que también es presentado como el Espíritu Santo o Ruhollah. Una palabra que sana y un espíritu que vivifica.

Lo más curioso es que, como estudiamos en capítulos anteriores, Krishna también dijo que él era la palabra de Dios —más concretamente la sílaba OM—, una palabra encerrada en el organismo de un hombre que fue capaz de sanar no solamente las almas, sino también los cuerpos de los devotos que la pronunciaban, pero sobre todo de aquellos que llegaban a escucharla con claridad.

Un océano de amor sin orillas

«En el momento en que lo damos todo, no queda nada en nosotros que pueda morir. Eso debe de ser Dios».

Sufismo desde el corazón.

Con la segunda llamada a la oración, los que estábamos arrodillados en la mezquita nos pusimos en pie y comenzamos a formar una hilera, pegándonos hombro con hombro los unos a los otros dispuestos a seguir las indicaciones del imán.

El rezo islámico consiste en la lectura de algunos versículos coránicos que son seguidos de una inclinación y dos postraciones por ciclo, mientras se repiten en voz baja las letanías prescritas para cada movimiento.

Al terminar, cada quien debe girar la cabeza primero a la derecha y luego a la izquierda, deseando paz tanto a los hombres que están a nuestro lado como a los ángeles que no podemos ver, pero cuya presencia a veces puede percibirse a través de diferentes perfumes que salen de la nada y que desaparecen justo después de haber terminado el rezo.

Empero, para mi sorpresa, cuando los orantes nos dimos la paz, nadie se movió de su sitio, ni salió de la mezquita como era lo habitual. De repente, desde una de las esquinas de la habitación, alguien comenzó a recitar hermosísimos versos de amor a Dios con la voz rota por la emoción, mientras los presentes le acompañaban canturreando alguno de los noventa y nueve nombres más bellos de Allah como estribillo.

Por casualidad, o tal vez por causalidad, me había colado en una Dergah de la orden Chishti y ahora estaba a punto de asistir a una de sus ceremonias de adoración y recuerdo de Dios. Sin dudarlo, me dejé llevar por el encanto de lo que estaba viviendo y yo también comencé a entonar los nombres divinos como todos mis compañeros, los cuales parecían desgarrar sus almas a la vez que repetían los mantras propios del sufismo, como «La ilaha illa Allah» —no hay más dios que Dios—, un reconocimiento claro de que únicamente Dios era el dueño de la existencia. Lo que marida a la perfección con el nombre que los judíos otorgan a Dios, Yahvé, que como hemos mencionado en capítulos anteriores, significa: «Yo Soy».

Pero no fue hasta que llegamos a la palabra más excelsa, que mi corazón se partió por la mitad y, sin saber muy bien por qué, comencé a llorar como un niño, echando fuera de mi alma toda la pena, el dolor, la culpa y el arrepentimiento que venía cargando sobre mis hombros y en mi corazón desde que tengo memoria.

El nombre de Allah salía de mi garganta rompiendo todas las barreras que había puesto en mi alma para evitar que me hicieran daño. Salía de mi corazón y reverberaba en la estancia, uniéndose al resto de aquellos que por un momento se convirtieron en mis hermanos. Y de repente me vi a mí mismo como uno más de todos aquellos enamorados, y me di cuenta de que yo también amaba a toda esa gente, aunque en realidad fuésemos perfectos desconocidos.

Cada vez que repetía el nombre sagrado era como si mi alma se expandiese y despertase del sueño de la separación. Ellos ya no eran ellos, ya no eran extraños, sino que también eran yo, y eran ángeles, y eran Allah… Por el milagro del amor, conseguí verme reflejado en sus ojos y en sus corazones. Éramos como decenas de pétalos de una misma flor que se dejaban mecer por la brisa de la primavera.

Al terminar las recitaciones, mi alma volvió a su sitio, pero mi corazón ya no fue capaz de entrar en mi pecho, por lo que tuve que repartirlo entre todos los seres que allí había. Desde aquel momento, cada vez que entono el nombre de Dios en lengua árabe, no soy capaz de contener las lágrimas y sale de mi garganta como un lamento, como un quejido, como el suspiro del enamorado que busca consuelo al mirar el retrato de su amor.

Allah es un nombre triste para mí porque me recuerda que mi amor está lejos, pero también es el revulsivo que mi corazón necesita cuando me olvido de quién soy y de qué quiere Dios de mí. Entonces Allah también es el remedio para la separación y la fragancia más pura del amor y del perdón.

Dada por concluida la himnodia, nos levantamos para despedirnos, dándonos un abrazo como es costumbre en la religión árabe. Según la tradición sufí, en el abrazo no solo unimos nuestros pechos, los corazones también se juntan y laten al compás, aunque solo sea por un momento, como hermanos, como hijos de un Dios que merece ser recordado.

Casi en volandas, tres de mis nuevos amigos me llevaron a desayunar, sin que a mí se me pasara por la cabeza la idea de protestar. La mayoría de los miembros de la cofradía Chishti eran propietarios de diferentes comercios de la zona y tuve que prometerles que los visitaría a todos antes de marcharme de Delhi. El desayuno se alargó hasta el almuerzo, y únicamente después de tomar el té, me permitieron regresar al hotel para descansar un rato. Aunque mi corazón estaba colmado, mi cuerpo había empezado a sentir los efectos del cansancio, de las emociones y de las horas de insomnio.

Los años perdidos

«Id y proclamad que el Reino de los Cielos está cerca. Curad enfermos, resucitad muertos, limpiad leprosos, echad demonios. Lo que habéis recibido gratis, gratis debéis de darlo».

Mateo 10:9-10.

Yo no sé si Jesús estuvo en la India, lo que sé es que yo me reencontré con él allí. El Nuevo Testamento omite tanto su infancia como lo que hizo desde los doce hasta los treinta años, que es cuando dio comienzo su vida pública. No obstante, si muchos se preguntan dónde pudo haber pasado su niñez el hijo de José y de María, aquí tenemos una posible respuesta.

Hasta los doce años, el joven Mesías pudo haber vivido en Nazaret, estudiando en la sinagoga de la aldea y aprendiendo el oficio familiar. Pero, a partir de esa fecha, lo más probable es que se trasladara a Jerusalén a estudiar a los pies de algún rabino, por mucho que esto pueda levantar ampollas entre los creyentes cristianos.

La sinagoga era el pulmón de la comunidad hebrea antes de la destrucción de Jerusalén por las tropas del futuro emperador Tito. En su sala capitular se solían aglutinar los fieles para celebrar el culto religioso, leer la Torah y rezar en congregación. Las reuniones no eran dirigidas por sacerdotes, sino por hombres con profundos conocimientos de las Sagradas Escrituras, a quienes se les solía llamar «rabino», que quiere decir maestro. Como curiosidad, una de las sinagogas que mejor se ha conservado se encuentra en el yacimiento arqueológico de Magdala, a tan solo unos kilómetros de Cafarnaúm.

Imágenes de la supuesta tumba de Jesús en Srinagar, Cachemira.
Fotos cortesía de Luis Tobajas. Director y presentador
del programa *Desafío Viajero*, de Youtube.

El edificio podía tener una o más habitaciones, las cuales eran utilizadas indistintamente como juzgado, escuela y lugar para la celebración de bodas y actos religiosos. Las dependencias dedicadas a la educación eran conocidas como Bet Séfer —casas del libro—, donde los pequeños recibían la sabiduría de los ancianos —*soferím*—, aprendían a leer en hebreo y les eran transferidos los principales fundamentos de las leyes escritas de la doctrina abrahámica.

Como todavía puede verse en algunas *yeshivás* y madrazas del norte de África y de Oriente Próximo, los pequeños solían sentarse en semicírculo en el suelo, frente al maestro, sosteniendo una pequeña pizarra entre sus piernas, en la cual iban escribiendo una por una las letras del alfabeto semítico hasta familiarizarse tanto con los trazos como con sus sonidos. Gracias a esto, el analfabetismo fue raro entre la población judía del siglo I.

Cuando un niño empezaba a hablar, la familia estaba obligada a enseñarle la oración más importante del judaísmo, el *Shemá Israel*, así como los más destacados relatos del libro del Génesis. Luego, con apenas cinco años, debía acudir a la sinagoga para aprender las bendiciones tradicionales, así como la historia de su pueblo. Las asignaturas seculares y religiosas se mezclaban en un todo armonioso en el que el joven iba adquiriendo conocimientos de anatomía, higiene, medicina, botánica, historia y ética bajo la óptica de los seiscientos trece preceptos que aparecen en el libro de Levítico. Más tarde, cuando regresaba a casa, tenía que aprender el oficio familiar, trabajando junto a su padre hasta la caída del sol... Y suponemos que fue así como debió pasar su infancia Jesús, afanado por las tardes al lado de José y acudiendo por las mañanas a la sinagoga de Nazaret para formarse en las tradiciones de su nación.

Nazaret es un lugar extraño y lleno de misterio, donde confluyen a la vez la historia y la leyenda del Hijo de Dios que un día caminó sobre la tierra. A mediados del siglo pasado, muchos estudiosos alzaron sus voces para gritar que Nazaret no pudo haber existido antes de que el emperador Constantino impusiese la religión cristiana en Roma, allá por el año 325 d. C.

Desafortunadamente para ellos, en el subsuelo de la iglesia de San José, donde se supone que vivió la Sagrada Familia, los padres franciscanos encontraron una *mikvé* —piscina ritual hebrea— datada en el siglo I, prueba más que evidente de que una pequeña comunidad judía debió asentarse en aquel lugar en la misma época en la que Mateo asegura que José, María y Jesús residieron allí.

El hallazgo es realmente sorprendente si tenemos en cuenta que no se ha encontrado ninguna otra piscina como esa en los alrededores. Ni siquiera en Caná, a apenas unos kilómetros en el valle, por lo que necesariamente Jesús debió usarla sobre todo antes de asistir a la sinagoga que se ubicaba encima del monte, lo que, por otra parte, demuestra el celo religioso de los antiguos habitantes de aquella villa.

Terminada la educación primaria, los adolescentes podían seguir sus estudios de la Torah oral en la Bet Talmud u optar por desarrollar su profesión y prepararse para formar una familia, al igual que sucede en la segunda de las *áshramas* de la India, denominada, como ya hemos mencionado, Grihasthá.

Quienes destacaban en el ámbito religioso eran invitados a profundizar aún más en la doctrina judaica en la Bet Midrash —la casa de la interpretación—, a la vera de uno o varios rabinos; algo que posiblemente también hizo el hijo de María debido a su profundo conocimiento de las Escrituras.

De acuerdo con el Talmud —libro de jurisprudencia hebrea—, en la Jerusalén del siglo I destacaron dos importantes maestros espirituales, los cuales tuvieron posturas diametralmente opuestas con respecto a la interpretación de las leyes y de los profetas. Por un lado, estaba Rabbí Shamai, quien otorgó especial relevancia al pensamiento ortodoxo, cultivando la más estricta disciplina hacia las ordenanzas y las tradiciones más arcaicas. Una de sus frases más célebres fue: «La Ley puede atravesar una montaña».

Por otro lado, empero, se encontraba Rabbí Hillel, el cual defendió todo lo contrario. Es decir, que el hombre no se hizo para las leyes, sino las leyes para el hombre; algo que Jesús repetirá en numerosas ocasiones para aleccionar a los escribas y fariseos educados en la filosofía de Shamai.

De paciencia infinita, sabemos que Hillel destacó por predicar el liberalismo y la amplitud de pensamiento, asegurando que quien usaba la Torah en su propio beneficio era un hipócrita. Curiosamente, algunas de las frases más célebres, y de las novedades morales más destacadas que se han atribuido a Jesús, fueron en realidad propias de este rabino, como: «No hagas a tu prójimo lo que no quieres que te hagan a ti». O, «quien aumenta las posesiones, aumenta la preocupación, pero quien aumenta la caridad, aumenta la paz».

De acuerdo con la tradición espiritual judía, lo más probable es que al menos durante algún tiempo el joven Mesías estudiase en Jerusalén al lado de Hillel, Shamai o de algún otro rabino importante. Podemos hallar indicios en este sentido en el pasaje de Lucas donde Jesús se pierde en la ciudad santa y es encontrado debatiendo con los doctores de la Ley en el Templo. En dicho capítulo llama poderosamente la atención que el muchacho tenga doce años, precisamente la edad en la que los jóvenes acababan sus estudios en la Bet Talmud y tenían que encontrar un maestro que los aceptase como discípulos o volcarse en el oficio paterno.

Y, aunque Lucas afirma que la Sagrada Familia descendió a Jerusalén para celebrar la Pascua, quizás lo que pasó es que en realidad estaban buscando a alguien adecuado a quien encargar la formación espiritual de su hijo. Cabe subrayar que era precisamente en el Templo donde se encontraba la Bet Midrash más importante de la región, a la cual solían acudir los hijos de los sacerdotes y los jóvenes más destacados de la región a recibir la educación más excelsa.

Para los ojos no entrenados, la narración de Jesús debatiendo con los doctores de la Ley no pasará de ser otra más de tantas leyendas destinadas a encumbrar las proezas inherentes al Hijo del Hombre. Sin embargo, no debemos olvidar que una de las virtudes de los seguidores de Cristo fue la de esconder los secretos más preciados de su maestro a la vista de todo el mundo.

La criptografía y la comunicación secreta tuvo un gran recorrido entre los discípulos del Nazareno. Cada versículo de la vida de Jesús contiene secretos únicamente perceptibles para quienes han aprendido a descifrar el código en el que fue escrito. Para la mística hebrea, el número tres es considerado *jazaká*, es decir, permanente. Cuando aparece en algún texto, es para dar a entender que algo ha sido totalmente asimilado y establecido. Por tanto, el hecho de que Jesús se pierda en Jerusalén y sea encontrado a los tres días debatiendo con los rabinos —algo que, si lo tomamos de manera literal, no tendría mucho sentido— es en realidad una clara alusión a que el joven debió pasar una larga temporada en la ciudad santa hasta que se hizo tan docto como para poder lidiar con los más eruditos.

Tres fueron también las veces que Pedro se atrevió a negarlo antes de que cantase el gallo, motivo por el cual, una vez resucitado, el Maestro tuvo que preguntarle tres veces que si realmente lo amaba.

Otra de las casualidades que relacionarán a Jesús con Rabbí Hillel se encuentra en Hechos de los Apóstoles 5:34, donde un fariseo importante, doctor de la Ley y, según podemos leer, muy respetado por el pueblo, optó por salvar *in extremis* a los apóstoles de ser lapidados por el sanedrín. El nombre de ese fariseo era Rabbí Gamaliel, ni más ni menos que el nieto de Hillel.

San Pablo, por su parte, presume de haber sido discípulo suyo en cierta ocasión. «Yo soy judío. Nací en Tarso de Cilicia, pero me crie aquí en Jerusalén y estudié bajo la dirección de Gamaliel de acuerdo con la Ley de nuestros antepasados», Hechos 22:3.

El Talmud, muy en consonancia con nuestras investigaciones, menciona que el hijo de José y de María estudió en Jerusalén a la vera de un reconocido rabino de la época, Joshua ben Perachiah, y que ambos viajaron a Egipto huyendo de la dinastía asmonea que se había alzado con el poder en los territorios hebreos, donde el muchacho aprendería el arte de la sanación, tal vez en la ciudad de Alejandría.

Junto a Roma, Alejandría era un crisol de culturas donde se dieron cobijo todas las religiones del Mediterráneo. La *Historia Augusta* recoge una carta del emperador Adriano en la que asegura que en la ciudad egipcia no había jefe de ninguna sinagoga que no fuera a la vez astrólogo o curandero. Tiempo atrás, centenares de eruditos hebreos escogieron esta localidad, lejos de la capital de los jebuseos, para desarrollar su religión sin la mirada inquisitorial de los sacerdotes, llegando a formar el cuarto de los cinco barrios en los que se dividía la metrópolis instituida por Alejandro Magno.

Una de las joyas de la localidad, además de su insigne faro y de la no menos legendaria biblioteca, era sin duda la sinagoga del Diapleuston, el segundo enclave más importante para el judaísmo después del Templo de Jerusalén. El historiador Filón de Alejandría asegura que era la mejor y más grande sinagoga del mundo, a lo que el Talmud añade que, quien no había visto su doble columnata, no había visto la gloria de Israel.

Será a este lugar donde, huyendo de la dinastía macabea, arribe un grupo de hombres y mujeres piadosos, los esenios. El historiador Flavio Josefo señala que los judíos contaban desde la más remota antigüedad con tres escuelas filosóficas: la de los fariseos, la de los saduceos y la de los esenios. Los fariseos eran discutidores natos que se afanaban en tratar de moldear la ley según sus intereses. Los saduceos, por otra parte, eran los herederos de los sacerdotes, la clase altiva, aquellos a quienes Jesús llamó «sepulcros blanqueados». Poseían grandes tierras y sojuzgaban al pueblo comiendo de los impuestos y del botín de las extorsiones, sobre todo en el cambio de moneda y en la venta de animales para su sacrificio.

Los esenios, sin embargo, eran considerados los más puros y santos de su tiempo, preocupados únicamente de vivir por y para Yahvé. Debido a la apropiación del cargo de sumo sacerdote por Jonathan Macabeo, y a la matanza de alrededor de ochocientos inocentes que su sucesor Alejandro Janeo ordenó en Jerusalén, los disidentes esenios se vieron obligados a huir a ciudades como Damasco, Alejandría, e incluso a fundar comunidades como las de Qumran, a orillas del mar Muerto.

Aunque siguieron creyendo en la sacralidad del Templo y continuaron enviando sus ofrendas a Jerusalén, rechazaron por completo a la estirpe de los jefes de los sanedrines nombrados tanto por la dinastía asmonea como por los emperadores romanos. Muchos de los hijos de los levitas, los legítimos herederos a ministrar en el santuario jerosolimitano, decidirán exiliarse para llevar una vida contemplativa lejos de la corrupción que campaba a sus anchas en la otrora ciudad santa.

A este respecto cabe señalar que alguien muy cercano a Jesús optará también por renunciar a su cargo en el santuario para tratar de encontrar la verdad en la soledad del desierto..., tal vez a la vera de los esenios. Nos estamos refiriendo a su primo, Juan el Bautista, quien a la postre podríamos considerar el gurú de ese gran gurú llamado Jesús de Nazaret.

Para muchos creyentes, incluso para los grandes teólogos,

resulta incómodo explicar por qué el Hijo de Dios tuvo que ser bautizado por Juan, puesto que el bautismo era un ritual para el perdón de los pecados, y se supone que Jesús no tenía ninguno. Con todo, en la tradición de la India es usual ver a dioses como Shiva o Parvati buscar al erudito Nárada Muni para que los instruya en las ciencias del espíritu o les narre cuentos espirituales, ya que, aunque avatares de la divinidad, también ellos están sometidos al hechizo de este mundo que nos hace olvidar nuestra esencia divina.

Para que un hombre común y corriente pueda llegar a considerarse gurú, necesita dos requisitos. El primero es recibir la bendición de otro gurú. Mientras que el segundo es recibir el permiso divino para poder realizar dicha tarea. Jesús cumplió estos dos requisitos durante su bautismo. Sabemos que Juan lo bautizó en las aguas del Jordán, y que Dios mismo lo reconoció como hijo suyo.

> Entonces Jesús vino de Galilea a Juan al Jordán, para ser bautizado por él. Mas Juan se le oponía, diciendo:
> —Yo necesito ser bautizado por ti, ¿y tú vienes a mí?
> Pero Jesús le respondió:
> —Deja ahora, porque así conviene que cumplamos toda justicia. Entonces le dejó. Y Jesús, después que fue bautizado, subió luego del agua; y he aquí los cielos le fueron abiertos, y vio al Espíritu de Dios que descendía como paloma, y venía sobre él. Y hubo una voz de los cielos, que decía:
> —Este es mi Hijo amado, en quien tengo complacencia.

MATEO 3:13-17.

Según las crónicas, los esenios se dedicaban fundamentalmente a estudiar los tratados de medicina natural, poniendo especial interés en las propiedades de las plantas y de los minerales para sanar enfermedades tanto físicas como espirituales, por lo que no podemos descartar que Jesús tuviese relaciones afines con ellos a tenor de las curaciones milagrosas que después se le atribuyeron.

Asimismo, también llama poderosamente la atención las similitudes entre los valores que defendieron estos últimos y las enseñanzas del Nazareno, entre las que encontramos la recomendación de no tomar juramento (Santiago 5:12), la obligación de decir siempre la verdad (Mateo 5:32), la necesidad de comprender que deben vivir como palomas en medio de lobos (Mateo 10:6), el deber de mantener un código ético basado en la fraternidad (Mateo 12:49-50) y la obligatoriedad de trabajar por la paz (Mateo 5:9). Sorprende, por otra parte, que, durante su vida pública, el Maestro criticase abiertamente a sacerdotes y fariseos, pero, sin embargo, no pronunciase una sola palabra contra los esenios.

A pesar de todo, hay autores que se han atrevido a situar al Nazareno mucho más lejos de Egipto. A finales del siglo XIX, Nicolai Notovich, un viajero y escritor de origen ruso, aseguró haber encontrado pruebas del paso de Jesús por Persia, la India y Nepal.

Desde 1877 hasta 1887, este expedicionario dijo haber recorrido casi por completo los Balcanes y Asia central hasta llegar a Cachemira. El objeto de sus viajes, como él mismo explicaría en su libro *La vida secreta de Jesús* (Obelisco, 1990), era conocer y estudiar las costumbres de los pueblos de la cuenca del valle del Indo.

El relato comienza con una breve conversación entre el prior de la lamasería de Mulbekh y el viajero ruso. A pesar de que el budismo es una religión no teísta, sorprende que el lama le confiese que los musulmanes, quienes parecen ser su mayor preocupación, se han alejado del verdadero Dios. No así los europeos, los cuales siguen las enseñanzas del mismo Buda que los tibetanos. Aunque, según sus propias palabras, hayan creado un dalái lama distinto del suyo. Evidentemente se estaba refiriendo al papa de Roma.

Nicolai, sorprendido por estas declaraciones, quiso saber quién era ese Buda cuyas enseñanzas compartían europeos y tibetanos, a lo que el monje, abriendo los ojos desmesuradamente, contestó que el santo Isa, el descendiente de los Budas primigenios, quien condujo a las almas vacías que moraban en Palestina al regazo del único Dios verdadero y a quien los paganos asesinaron después de haberlo colgado de una cruz.

Nicolai no lo podía creer. ¡Su contertulio se estaba refiriendo a Jesús de Nazaret! Aunque separados por al menos quinientos años, son muchas las similitudes entre Buda y Jesús. Ambos fueron príncipes y ambos anhelaron un reino más allá de las fronteras de este mundo. Buda instaba a sus discípulos a lograr la iluminación, mientras que Jesús predicaba: «Sed perfectos, porque vuestro Padre celestial es perfecto».

Asombrosamente, muchas de las palabras de uno son repetidas por el otro siglos más tarde, aunque circunscritas siempre en el marco de su propia religión y en la cultura de su pueblo.

Si Buda recomendaba la renuncia a todo acto perjudicial, la práctica de la virtud y la subyugación de la mente, Jesús, por su parte, instaba a sus seguidores a apartarse del pecado, a practicar la compasión, así como a buscar la soledad para poder contactar con nuestro interior, donde moraba el Dios que él predicaba.

Tanto Buda como Jesús se apartaron de toda la corrupción de su tiempo, ya residiese en el Templo de Jerusalén o en el palacio de Lumbini, para pasar su vida como ascetas itinerantes predicando de aldea en aldea. Siddhartha se rodeó de discípulos y aceptó en su grupo por igual a hombres y mujeres. Jesús, por su parte, siempre estuvo rodeado por sus doce apóstoles y por sus numerosas discípulas, como Magdalena, Marta y María. A Siddhartha lo traicionó uno de sus más allegados seguidores. A Cristo lo vendió Judas por treinta monedas.

Los dos abrazaron la pobreza en pos de una riqueza aún más elevada y condenaron la violencia con todas sus fuerzas. Ambos enseñaron mediante cuentos y parábolas, las cuales en modo alguno obligaban, sino más bien mostraban el camino hacia una moral que resultaría extraña para la mentalidad de la época…, y todavía lo es. Sin duda, Jesús fue un Buda para el judaísmo, de la misma manera que Siddhartha Gautama fue un Cristo para los habitantes de la India.

Intentando no mostrar demasiado interés, Nicolai preguntó por las escrituras tibetanas donde se relataban las hazañas de Jesús/Isa. A lo que el lama le contestó que únicamente los monasterios más importantes poseían esos pergaminos. Dispuesto a descubrir los nuevos evangelios, Nicolai resolvió visitar todas las lamaserías que hallara en su camino, empezando por el monasterio de Hemis, en Leh, la capital de Ladakh, lugar en el que le confirmaron que poseían algunas copias de aquellos documentos.

Después de presenciar una de las danzas propias de la región, el guía espiritual del convento reclamó la presencia del extranjero en la terraza principal del edificio, donde fue invitado a compartir un té con mantequilla elaborado a partir de leche de yak. Durante la tertulia, después de que el lama le explicara que sus numerosas representaciones ritualistas tenían el objetivo de acercar a los seres humanos al amor del Creador, Nicolai intentó indagar acerca de las enseñanzas del santo Isa, recibiendo como respuesta que, hace dos mil quinientos años, el gran Buda encarnó en el cuerpo del príncipe Siddhartha Gautama. Pero quinientos años más tarde, el Ser Perfecto, quebrantando de nuevo su inacción, encarnó en el hijo de una familia humilde de Nazaret, el cual se dedicaría a predicar a sus vecinos desde su más tierna infancia.

Siguiendo el curso de su relato, Nicolai preguntó si podía echarle un vistazo a esos legajos, a lo que el lama se excusó arguyendo que ignoraba dónde estaban, por lo que instó al peregrino a regresar en otra ocasión. Para no despertar sospechas, Nicolai optó por armarse de paciencia y resolvió dejar el monasterio y dirigirse a Srinagar con la intención de regresar algunos meses más tarde. Sin embargo, el destino se alió con él y, nada más salir del poblado, sufrió un aparatoso accidente en el que se fracturó una pierna, lo que le proporcionó la excusa perfecta para retornar al monasterio donde podría recuperarse.

Mientras duró su estancia, Nicolai convenció al lama principal para que buscara los nuevos evangelios y se los mostrara. A la vez que uno de los monjes leía los versículos, el trotamundos copiaba fielmente cada una de las palabras que escuchaba, descubriendo así que Jesús, a la edad de trece años, para evitar contraer matrimonio, decidió enrolarse en una caravana de mercaderes que se dirigían al valle del Indo.

Su primer contacto tras superar las montañas y los desiertos de Afganistán fue con los jainistas. Algo más al sur, en Benarés, el joven israelita estudiaría durante seis años los cuatro libros sagrados del protohinduismo al lado de los brahmanes, la casta más alta de la región, quienes le enseñaron el arte de la sanación, a expulsar malos espíritus con la ayuda de plegarias, así como a hablar con el pueblo de la mejor manera.

Los brahmanes eran estudiosos y a la vez guardianes de la sabiduría divina, por ende, se negaban a compartir las Sagradas

Escrituras con el resto de la población. Cuando Jesús se enteró de esto, se enfrentó a ellos resolviendo ir a predicar a los más pobres por su cuenta. No obstante, cuando los sacerdotes se enteraron de que el joven Isa había llevado la palabra de Dios a los hambrientos y necesitados, enviaron a sus sicarios para darle muerte.

Avisado por los Sudras —una de las castas más bajas—, Jesús pudo huir a Nepal, a la tierra de Buda, donde pasó otros seis años estudiando los *sutras* que recogían las enseñanzas de Siddhartha Gautama; es decir, su anterior encarnación. Tras predicar también en aquellas tierras acerca de la inutilidad de dar culto a los ídolos, se dirigió esta vez a Persia, donde intentó convencer a los seguidores de Zoroastro de que regresaran al monoteísmo y olvidaran la idea de un dios bueno y otro malo.

Los magos, si bien decidieron no hacerle ningún daño, lo sacaron por la noche de la ciudad y lo abandonaron en mitad del páramo para que regresara a su país, adonde llegó cumplidos los treinta años para ser bautizado en el Jordán por Juan el Bautista.

A pesar de lo seductora que pueda resultar la imagen de Jesús aprendiendo a meditar entre los picos nevados del Himalaya, J. Archibald Douglas, profesor en la facultad de Agra, siguiendo las huellas de los supuestos evangelios tibetanos, visitó el monasterio de Hemis en 1895, donde no pudo encontrar ninguna prueba de que Notovich hubiera estado allí, lo que no fue óbice para que personalidades tan destacadas como Paramahansa Yogananda creyeran a pies juntillas que Jesús aprendió el *Sanatana-dharma* en la India.

También a principios del siglo XX, Swami Akhilananda, tal vez uno de los filósofos orientales con más relevancia en Estados Unidos, escribió un libro donde aseguraba que probablemente Jesús fuese un nuevo avatar del dios Vishnu. Algo en lo que no podría estar más de acuerdo.

El Sermón de Benarés

«Sin duda nadie puede leer los evangelios sin sentir la presencia real de Jesús. Su personalidad vibra en cada palabra. No es posible crear un mito tan lleno de vida». Albert Einstein.

Aunque esta historia podría haberla protagonizado cualquier yogui oriundo de la región de Uttar Pradesh, resulta muy romántico pensar que fue el mismísimo Jesús quien paseó una vez por la ribera del Ganges, haciendo las abluciones prescritas en sus *ghats* y contemplando los templos que se asoman coquetos por encima de sus aguas.

Y es que cuenta la leyenda que en cierta ocasión llegó a Benarés un joven asceta procedente de otras tierras. El eco de sus prodigios y su forma de enseñar el Dharma entre las castas más humildes hizo que su fama creciera en todo el país, por lo que cuando la gente lo reconocía, acudían inmediatamente a tocarle los dedos de los pies en señal de respeto y a formularle todo tipo de preguntas.

Pronto se corrió la voz de que el joven yogui había llegado a la ciudad de Shiva, de manera que poco a poco una gran cantidad de personas fueron arremolinándose a su alrededor. El maestro, de cabello largo y barba partida por la mitad, no tuvo reparos en responder a cada una de las inquietudes de la gente con una sonrisa en los labios, pero también con autoridad.

—Gurú, ¿cuál es el propósito de la vida? —le preguntó un zapatero.

—Tú eres artesano, ¿cuál crees que es el propósito de los zapatos que fabricas? —inquirió a su vez el muchacho.

Después de pensárselo un rato, el zapatero contestó:

—Supongo que protegernos los pies.

El yogui asintió con la cabeza.

—¡Exacto! El propósito del zapato es servir al pie. Por tanto, el propósito del zapatero es proteger los pies de los que compran sus zapatos. Si alguien pone todo su esfuerzo en hacer bien su trabajo, por el bien de los seres, habrá descubierto cuál es el sentido de la vida y el Dharma de su propia existencia. Pero, si alguien olvida la importancia de lo que hace, estará descuidando su trabajo y abandonando el Dharma. Entonces también se olvidará de su propia importancia en el ciclo de la existencia y, por tanto, estará perdido. Todos los seres somos únicos, por eso somos sagrados. Si faltásemos tan solo uno de nosotros, la creación no estaría completa. No obstante, únicamente sirve quien ha aprendido la importancia que tiene el hecho de servir.

—Gurú-ji —dijo el maestro de escuela—, ¿qué debemos enseñarles a las nuevas generaciones para que crezcan en paz y sean felices?

—Debemos enseñarles que en la vida todo regresa. La maldad vuelve a quien la ejerce. Las mentiras a quienes las han dicho. La violencia a quien la ha usado. Pero el amor, la justicia y la verdad también regresan. La rueda del karma gira para todos por igual. También debemos enseñarles a no juzgar, porque si juzgan, serán esclavos de sus juicios. Debemos enseñarles a no hacerse viejos nunca, porque cuando alguien se hace viejo, pierde el brillo en su mirada. Y si eso sucede, incluso los dioses llorarán porque un niño se habrá perdido. Debemos enseñarles a ser mejores personas, porque solo siendo buenas personas serán beneficiosas para el mundo. Por último, debemos enseñarles a amar incluso lo que no conocen. Porque amando lo desconocido, no tendrán miedo y nunca dejarán de ser libres.

—Gurú-ji, ¿qué es ser libre? —preguntó un preso que llevaban a la cárcel.

—Ser libre es tener un sueño y luchar para que ese sueño se haga realidad. Ser libre es hacer lo que amas y amar lo que haces sin esperar ninguna recompensa, caminando plácidamente entre la alabanza y la condena. Los sueños que no hemos cumplido, cuando los vemos realizados en otras personas, nos producen envidia, celos, frustración y resentimiento. Todos esos estorbos de la mente son como cadenas que no nos dejan movernos con libertad, ni alcanzar la felicidad. Que alguien luche por cumplir sus sueños, y lo consiga, suele despertar una infinidad de emociones negativas en personas que se encuentran prisioneras de sus bajos instintos. Cuando alguien renuncia a sus sueños, la oscuridad lo envuelve y lo hace su rehén. ¡Eso también puede pasarnos a nosotros! Por eso nunca debemos olvidar que este mundo está lleno de espejos por todas partes, espejos llamados *gente*, en los cuales vemos reflejado tanto lo mejor como lo peor de nosotros mismos.

—Maestro, ¿cuál es su mejor recuerdo? —preguntó un anciano.

—Sin duda, este momento. La vida es una consecución de instantes que, si dejamos pasar sin prestarles atención, estaremos desperdiciando. Esos momentos nunca vuelven, el tiempo no viaja hacia atrás, solo hacia delante. Lo que pasó ya no existe; lo que vendrá, tampoco existe; por tanto, lo único verdaderamente real es este momento.

—Señor —inquirió un sacerdote de la casta de los brahmanes—, ¿tiene algún consejo para nosotros, los que seguimos la vía espiritual?

—¡Sí! Nunca huyáis de vuestros corazones, ni deis más importancia a las palabras de vuestros maestros que a vuestra propia experiencia. Si encontráis algo en las Escrituras que no sea correcto, corregid las Escrituras. Si encontráis algo en la vida que no se halle en las Escrituras, ponerlo en ellas. Nunca olvidéis que el único libro que la divinidad ha escrito con su propia mano, es el mundo y todo lo que el mundo contiene. El ser humano es el libro más sagrado que el Brahmán ha escrito.

Entre la multitud, un filósofo de la escuela nástika voceó:

—Gurú-ji, ¿en qué debemos creer los que no creemos en nada?

—Brahma es bondad —respondió el muchacho—, pero si no crees en Brahma, al menos cree en la bondad. Vishnu es virtud, pero si no crees en Vishnu, al menos cree en la virtud. Shiva es sabiduría, pero si no crees en Shiva, al menos cree en la sabiduría. No obstante, recuerda que Brahma forma parte de Vishnu, y que Vishnu forma parte de Shiva. Por tanto, la sabiduría sin bondad y sin virtud tan solo es como una silla con una sola pata.

—Señor —protestó de nuevo el descreído—, ¿qué pensaría si yo le digo que sus dioses solo son *amigos imaginarios* que no sirven para nada?

El joven yogui lo miró con dulzura y sentenció:

—Pienso que es mucho mejor tener un amigo imaginario que me induzca a creer que la vida tiene sentido, y que yo soy parte importante de una creación milagrosa que siempre está en movimiento, que una filosofía imaginaria que me haga creer que la vida es solo un accidente y que nada de lo que he vivido y de lo que puedo hacer es relevante. Puestos a imaginar, prefiero creer en un sueño donde la existencia tenga algún sentido.

—¿Cuántos dioses hay? —inquirió un faquir con el brazo entumecido—. ¿A quiénes debo rezar?

—Solo hay un Dios. Si pones cientos de espejos mirando al sol, verás el reflejo de muchos soles proyectados en ellos, pero en realidad solo hay uno. De la misma manera, solo hay un ser superior cuyo reflejo está en los corazones de cada uno de nosotros. Debemos ser conscientes de esto y comprender que no hay muchos dioses, pero sí hay muchos ojos, y cada quien ve a Dios a través de sus propios velos. Todos esperamos que Krishna regrese pronto, pero si ahora mismo Krishna estuviera entre vosotros, ¿lo reconoceríais?

Estando en estas, se le acercó una pobre mujer que no dejaba de llorar y, al interesarse por su pena, ella le contestó:

—No sé qué hacer para que mis hijos dejen de tomar malas decisiones.

Entonces el maestro, compadeciéndose de ella, le preguntó:

—¿Piensas que, si sufres tú también, estarás ayudando a tus hijos?

La mujer se quedó callada, por lo que el yogui continuó:

—Sufrir por las malas decisiones de tus hijos no te hará ser mejor madre. Intentar no sufrir por las decisiones de tus hijos tampoco te hará ser peor madre. Solo aprendiendo a mantener la mente serena podrás darles buenos consejos y quizás algún día tus hijos te escuchen. Eso sí te hará ser mejor madre.

—¡Gurú-ji! —exclamó un funcionario de los sacrificios—. Muchos arremeten contra nuestras prácticas ancestrales, asegurando que no debemos seguir haciendo aquello que hacían nuestros padres y sus padres antes que ellos. ¿Qué piensa usted? ¿Cómo debemos tratar a los animales?

—Pobre funcionario, cuando dices que hacéis sacrificios, ¿qué es lo que sacrificáis? ¿Acaso habéis creado vosotros a los animales para que podáis inmolarlos? Los dioses nos crearon tanto a nosotros como a ellos, por tanto, ¿qué podéis ofrecerles que no sea suyo? Si queréis hacer sacrificios, sacrificad vuestra propia ignorancia, no vuestra compasión. Preservad la vida en lugar de arrebatarla. ¡Eso sería lo mejor!

Una mujer embarazada le preguntó:

—¿Qué debe hacer una familia para agradar a los dioses?

El muchacho se admiró por esta pregunta y contestó:

—Hay algunos mandamientos que están por encima de otros. El primero de ellos es amar a Dios como se te haya revelado y buscar siempre tu comunión con él. El segundo es, si eres padre, cuida, ama y mantén a tu familia. Si eres esposo, cuida, ama y respeta a tu mujer. Como hijo, cuida, ama y venera a tus padres. Si eres madre, cuida y ama a tus hijos. Edúcalos en el amor de Dios y en la compasión por el prójimo. No los mates antes de nacer, cuando todavía están en tu vientre; ni después de nacer, cuando están a tu cuidado, pues eso es una abominación a los ojos de Dios. Como esposa, respeta y ama a tu marido. Y como hija, cuida de tus padres como ellos cuidaron de ti. Haz todo esto buscando la santidad y estarás acariciando la piel de los dioses.

Terminada la sesión de preguntas, el joven yogui compró algo de comer y regresó a los caminos. A un lado y otro de la vereda podía oírse el canto de los grillos, el rumor del agua y el croar de las ranas en el cauce del río. El mundo estaba en calma y el Hijo de Dios caminaba por la tierra enseñando a la gente que el Reino de los Cielos se había acercado.

La vergüenza india

«No te pierdas en tu dolor. Algún día tu corazón te llevará hacia el amante. Un día tu alma te conducirá hasta los brazos del amado. No te pierdas en tu dolor, algún día tu dolor se convertirá en tu cura». Mevlana Djalal al-Din Rumi.

Cuando desperté, era el sol quien se había ido a dormir hacía rato, lo que no me impidió salir a buscar una franquicia de comida norteamericana que se encontraba a tan solo un par de manzanas de mi alojamiento. Aunque me encantaba la comida hindú, solo quería tomar un bocado rápido y volver al hotel para recobrar las fuerzas perdidas. En un par de días saldría mi vuelo con destino a casa y quería aprovechar el tiempo para seguir explorando los rincones más encantados de la capital india.

La noche en Delhi es tan ruidosa y hay tanto ajetreo como por el día. Los coches tocan el claxon sin cesar intentando esquivar a las vacas que caminan plácidamente sabiéndose a salvo en el único país donde las consideran poco menos que diosas de cuatro patas.

Contemplando todo a mi alrededor, quiso mi mirada posarse en dos pequeñuelos que caminaban de la mano, de no más de tres y cinco años, los cuales vestían ropas sucias y roídas e iban andando con los pies descalzos. Su piel oscura y sus cuerpos demacrados denunciaban a gritos su linaje. El texto sagrado titulado *Las leyes de Manu* —datado en torno al siglo IV a. C.— dividió a la sociedad india en cuatro castas mayores y miles de subcastas inferiores. Cada persona, según su karma, quedaba circunscrita por derecho de nacimiento a uno de los cuatro grupos endogámicos de los cuales solo la muerte podría liberarlos. Los Brahmanes, de piel blanca, eran sacerdotes y estudiosos, nacidos de la cabeza de Brahma, el grupo más elevado. Los Chatrias, por su parte, eran guerreros y se consideraban que habían nacido de los hombros de la divinidad, de ahí que su piel fuese un poco más oscura. Los Vaishias eran la tercera casta y se dedicaban al comercio y a la artesanía. Se pensaba que procedían de las caderas de Brahma y su piel era todavía más oscura que la de los Chatrias. Y por último estaban los Sudras, la clase menor, fundamentalmente obreros y campesinos nacidos de los pies de dios.

Con todo, cuando mostramos los cuatro dedos de una mano, hay un dedo que permanece escondido. Al igual que ese dedo oculto, existe también otro grupo del que nadie quiere hablar. Seres que, por no tener, no tienen ni casta. De hecho, no se les considera hijos de Dios porque se supone que ni siquiera han nacido de él. Son los llamados «intocables» o Dálit.

Cuenta la tradición que quien se acerca a ellos queda contaminado por la maldición de su destino. También se les conoce como «los sin nombre», porque nadie los menciona. E incluso por «los invisibles» porque nadie quiere verlos…, aunque están ahí, muriendo en cualquier esquina, en medio de cualquier calle o exiliados en los *slum*. Una palabra que en Occidente hemos vinculado con «suburbio» porque la traducción a nuestra lengua es demasiado terrible. Pero realmente los *slum* son vertederos donde malviven miles de seres humanos al amparo de la miseria más absoluta, rodeados de ratas, gérmenes y excrementos de todo tipo.

Tradicionalmente, los Dálit se han encargado de lo que nadie ha querido hacer, como retirar y cremar los cadáveres, trabajar el cuero y efectuar labores de limpieza, sobre todo de letrinas y de otros lugares igualmente considerados impuros. Sus hijos no tienen derecho a la escolarización, ni a asistencia médica, ni tan siquiera a respirar. Lo único que se espera de ellos es que mueran en silencio, pronto y sin molestar, porque hasta su sola presencia resulta incómoda para algunos. Aunque se supone que, sobre el papel, las castas fueron abolidas desde 1950, en la práctica no es para nada así.

Cuando una realidad tan dura se te presenta, el corazón no puede soportarla y el alma intenta salir del cuerpo para no tener que presenciar tanto horror. Entonces las lágrimas emergen desde lo más profundo del corazón, porque el corazón no puede negar lo que ve y las entrañas no pueden quedar impasibles ante el sufrimiento de seres humanos nacidos y condenados a morir en un infierno de indiferencia.

A pesar de las costumbres indias y del sistema de castas, me resultó tan tierna la escena de aquellos dos hermanos caminando juntos, que por un momento tuve la sensación de estar viendo a Dios delante de mí llevando a Dios también de la mano, por lo que no quise apartar mi mirada de ellos hasta que un muchacho en un ciclomotor pasó rozándome el brazo y tuve que echarme a un lado para evitar ser atropellado. Sin dar crédito a lo sucedido, acto seguido vi cómo el joven detenía su moto al lado de los pequeños, apoyaba una de sus piernas en el suelo y estiraba la otra para darle una patada al niño que estaba más cerca de él.

¡En ese momento tuve que reaccionar! Si bien con Krishna dejé que el miedo se apoderara de mí, con estos nuevos avatares de Dios no me lo pensé dos veces y di un paso al frente para golpear la motocicleta en la rueda trasera, haciéndola caer al suelo junto con su conductor antes de que consumase su terrible plan.

Con la rabia corriendo por mis venas, me puse frente a él y le advertí que no iba a permitir que tocase a aquellos dos pequeñuelos. Incluso después de haber pasado tanto tiempo en el país de Gandhi, no podía creer que cosas así pudieran suceder todavía en esta parte del mundo. El muchacho se levantó, cogió su moto y se fue mirándome sorprendido. Tan sorprendido como los dos pequeños que, con sus grandes ojos oscuros, no apartaban la vista de mí. Aunque puede que el más sorprendido fuese yo por haber sido testigo de un acto tan atroz.

Sin darles tiempo a reaccionar, los cogí de la mano y los llevé conmigo para que pudieran comer algo, quizás por primera vez en todo el día. En esos momentos, sintiendo sus pequeñas y delgadas manitas entre las mías, me sentí más cerca de la divinidad que en cualquier iglesia, templo, mezquita o sinagoga. Siempre le he pedido a mi padre del cielo que no me soltase de su mano. Ahora, sin embargo, era él quien tomaba la forma de dos niños pequeños y me dejaba a mí coger la suya. Con todo, esta historia no tiene un final feliz. No es un cuento de hadas donde al final se hace justicia y siempre ganan los buenos.

Cuando llegamos al restaurante, el vigilante de seguridad me detuvo y me dijo que los dos niños no podían pasar dentro del recinto. Mordiéndome los labios por la rabia, aparté su mano y le dije que ellos pasarían conmigo, que les compraría lo que quisieran, y que lo tomaríamos sentados en el local como hacía todo el mundo. Pero el hombre, echando mano de la porra que llevaba en su cinturón, fue contundente. ¡Los pequeños no pasarían! Todo lo que ellos tocaban, quedaba contaminado por su karma y nadie querría luego entrar al local.

Intenté apelar a su compasión, le pregunté si tenía hijos, le dije que los mirara como si fueran de su propia sangre, pero nada de eso hizo mella en un corazón de piedra. Justo en aquel momento vino a mi memoria los pasajes en los que Jesús, rompiendo igualmente normas semejantes de pureza ritual, fue acusado de tener tratos con leprosos y gente considerada impura por el judaísmo de la época únicamente por sentir compasión por ellos.

Evaluando la situación, apreté los puños y consideré que no podía luchar contra todo un país y su cultura, ni tampoco quería pasar la noche metido en la cárcel. La India volvía a mostrarme sus dos caras, la de una espiritualidad capaz de elevar tu espíritu hacia el cielo y la de una realidad capaz de devolverte al infierno en una milésima de segundo.

Con el alma a cuestas, entré en el lugar y compré algo de comer para los niños. Luego regresé al hotel. Tuve que irme corriendo porque no quería que los pequeños me viesen llorar. La India te destruye para crearte de nuevo, y es en estos momentos donde realmente llegas a descubrir quién eres en realidad y no lo que creías ser.

El siguiente día lo pasé en el hotel sin poder salir, ahogado por la pena. Al caer la noche volví a buscarlos por el barrio, pero ya no los encontré. Durante cuatro semanas había estado deambulando por la India, rodeándome de gente de todas clases, rezando junto a personas con enfermedades terribles, hablando con hombres y mujeres con las malformaciones más horrendas, escuchando historias de superación como no he conocido en mi vida.

La lepra, que yo creí un resquicio desaparecido de tiempos bíblicos, era tan común en aquellas latitudes como la gripe lo es en Occidente, por lo que no es extraño ver a alguien sentado pidiendo limosna en cualquier lugar con las manos vendadas por la falta de dedos, o con el rostro tapado porque ha perdido la nariz. Solo entonces puedes comprender algo que quizás suele pasar desapercibido en los evangelios: la falta de autoprotección que Jesús tenía consigo mismo.

El Hijo de Dios no dudó en acercarse a los leprosos, apestados y endemoniados. No se preocupó por si podía contagiarse al abrazarlos, sino más bien todo lo contrario. Lo que intentó fue pasar su limpieza y su sanidad a toda aquella gente para que dejasen de sufrir. Y ya que, según la creencia tanto hebrea como hindú, la enfermedad y el infortunio eran debidos al pecado y al Adharma, Jesús los sanó concediéndoles un nuevo principio, de ahí que les dijera: «Vuestros pecados son perdonados». Este intercambio de energía únicamente podía darse mediante un alma infinitamente grande o a través de una emanación de la divinidad. Que cada quien saque sus propias conclusiones.

En cierta ocasión, los discípulos se acercaron a Jesús y le preguntaron:

—*¿Quién es el más grande en el Reino de los* Cielos?

Jesús llamó a un niño, lo puso en medio de ellos y les dijo:

—Yo les aseguro a ustedes que, si no cambian y no se hacen como los niños, no entrarán en el Reino de los Cielos. Así pues, quien se haga pequeño como este niño, ese es el más grande en el Reino de los Cielos. Y el que reciba a un niño como este en mi nombre, me recibe a mí.

Mateo 18:1-5.

La oscura noche del alma

«¿Qué puede encontrar quien no ha encontrado a Dios? ¿Y qué le falta a quien le ha encontrado? El que se contenta con algo a cambio de Dios, perece. Y el que desea otra cosa en su lugar, se pierde». Dicho sufí.

No puedo negar que el incidente con los dos pequeños llegó hasta lo más profundo de mi corazón y lo hizo añicos. A pesar de todo lo que había vivido, de las respuestas que había logrado conseguir, de haber escuchado la sílaba semilla en mi interior, una profunda tristeza fue haciéndose hueco poco a poco dentro de mi alma.

Cuando regresé a casa estaba derrumbado, quebrantado, roto. Jamás había experimentado nada parecido. No tenía ganas de meditar ni de rezar porque pensaba que no era digno del amor de Dios, como tampoco de seguir a Jesús. Sentía vergüenza de mí mismo y no sabía si había estado a la altura de las circunstancias, ni si había actuado de la mejor manera. Todo en mi cabeza empezó a temblar y a desmoronarse y comencé a perder mi fe en la humanidad. La miseria de este mundo, más allá de enfermedades y catástrofes naturales, era producto de la falta de compasión del ser humano.

Al igual que en *La historia interminable* —mi película favorita de la niñez— me vi a mí mismo atravesando los pantanos de la Tristeza. Bastian, el protagonista del film dirigido por Wolfgang Petersen, aseguraba que quien se adentraba en ellos, corría el riesgo de que una gran tristeza se apoderase de él. Y si esto sucedía, se hundiría poco a poco en las aguas cenagosas por siempre jamás.

Como Artax —el caballo blanco de Atreyu— yo también comencé a sentir que una extraña Nada se iba apoderando de mí. Desde que me levantaba hasta que se ponía el sol, mi cuerpo y mi mente iban sumergiéndose en las turbias aguas de un pantano del que tampoco veía la forma de salir. La sensación de no tener fuerzas para seguir afrontando el día a día fue calando cada centímetro de mi ser y mi alma me pesaba como si llevara el cadáver a cuestas.

El pantano a veces se hacía más oscuro debido a las personas y a las situaciones que me rodeaban. Otras veces la ciénaga era yo mismo. Por momentos, parecía que lo que había aprendido durante años de estudio, al lado de los maestros espirituales más destacados, no me estaba sirviendo de nada. La comida fue perdiendo su sabor, la bebida fue perdiendo su frescor e incluso la compañía de mis seres queridos no conseguía tirar de mí para sacarme de la pesadilla que estaba soportando.

Cuando recobraba las fuerzas, me decía a mí mismo: «¡Sal de ahí! Te estás hundiendo. Tienes que moverte o te hundirás del todo». Pero al cabo de algunas horas, los pensamientos intrusivos volvían a mermar mi ánimo. Recuerdo que en aquellos años, el laureado actor Robert Downey Jr. también estaba atravesando una etapa oscura. Debido a sus problemas personales, ya nadie quería saber nada de él en la industria cinematográfica. En cierta ocasión concedió una entrevista hablando precisamente de su depresión y la presentadora le preguntó: «¿Cuál es la mentira que más sueles repetir?». Tras un conmovedor silencio, el actor la miró a los ojos y contestó: «¡Estoy bien!».

Aunque yo también me sintiera roto por dentro, igualmente intentaba mostrar mi mejor sonrisa por fuera, diciéndome cada mañana frente al espejo: «Estoy bien. Esto pasará pronto». Desafortunadamente, la tristeza no pasaba y cada día era peor que el anterior. Sacando fuerzas de flaqueza, cierta noche cogí mi Biblia, la abrí al azar y leí el versículo más corto y tal vez el más desgarrador del Nuevo Testamento. Únicamente eran dos palabras: «Jesús lloró», Juan 11:35.

No era la primera vez que el Nazareno se encontraba así. También se sintió frustrado y deprimido antes de ser apresado, por eso le dijo a Pedro, Santiago y Juan: «Mi alma está destrozada de tanta tristeza, hasta el punto de la muerte», Mateo 26-38. Luego, momentos antes de expirar, miró al cielo y gritó: «Dios mío, Dios mío, ¿por qué me has abandonado?». Es decir, que incluso el mismísimo Hijo de Dios, percibió en su alma el dolor de la tristeza y pensó que Dios le había desamparado.

Aunque pueda parecer extraño, saber que Jesús lloró reconfortaba mi corazón porque realmente podía empatizar con alguien así. Con alguien capaz de sentir dolor y de expresarlo como cualquiera de nosotros. El galileo mostró su humanidad en otras tantas ocasiones más. Tras su ayuno en el monte de las Tentaciones sintió hambre, Mateo 4:2. Cuando pasó por Samaria, se sintió cansado y tuvo que detenerse para reponerse del largo viaje, Juan 4:6. También se maravilló cuando comprobó que la fe del centurión romano era incluso mayor que la de sus propios discípulos, Mateo 8:10. Se sintió avergonzado cuando la mujer sirofenicia le recriminó que, incluso los extranjeros, tenían derecho a la felicidad, Marcos 7:24-30. Y se frustraba cuando sus más allegados no conseguían comprenderle, Mateo 17:17.

Eran tantas las veces que había escuchado la historia de un ser perfecto llamado Jesús de Nazaret, el cual había sanado a cientos de personas, que murió en la cruz por nuestros pecados, y que había resucitado al tercer día, que casi estuve tentado a perder todo tipo de interés por él. No obstante, rebelándome contra una verdad impuesta, en vez de eso, decidí buscar al hombre que fue, a ese hombre que lloraba, se cansaba y se lamentaba por sus amigos, para ver si así conseguía acercarme y comprender realmente al Dios en que se convirtió después.

Los antiguos sacerdotes paganos, ligados al cristianismo emergente, habían imaginado y difundido la imagen de un hombre tan perfecto, que en algún momento dejó de ser humano para convertirse en otra cosa…, en algo totalmente inalcanzable. En cambio, sí podía verme reflejado en alguien que, cuando fueron a prenderle, sintió miedo y sudó sangre, Lucas 22:44, porque a mí me hubiera pasado exactamente lo mismo. Que cuando vio que su amigo yacía sin vida frente a él, no pudo contener la emoción. O que cuando supo que su querida ciudad, donde se erigía la casa de su Dios, iba a ser destruida, no tuvo reparos en lamentarse.

De la mano del hombre que fue Jesús, poco a poco, fui aprendiendo a conocer al Dios que él amó y por el que posiblemente dio su vida. En mi imperfección —llamémosla, si queremos, humanidad— era capaz de identificarme con alguien imperfecto que aspiraba a ser mejor persona, porque precisamente eso era lo que yo trataba de hacer: iluminar mi oscuridad para intentar convertir los planetas en estrellas y que todos pudiésemos brillar.

Tanto Jesús como el resto de profetas usaron tres armas muy poderosas para deshacerse de la angustia: la primera fue la oración. Aunque en esos momentos no tengamos ganas de rezar, es cuando más falta hace que lo hagamos. La segunda fue expresar sus sentimientos. Una carga, cuando es compartida, se hace menos pesada. Y la última fue entender que Dios nos enseña a través de sus nombres más bellos, pero también de los más terribles. Si únicamente conocemos a Dios en los momentos de felicidad, cuando se nos revele de otra manera, no lo reconoceremos, ya que estaremos acostumbrados a verlo de una manera determinada y no de otra.

Cuando pedimos que la divinidad nos guíe, debemos ver a Dios en todos lados, en todo momento, en todas las circunstancias y en todas las criaturas. Unas vendrán a probar nuestra virtud y otras a protegernos del mal, pero todas tendrán la sagrada misión de enseñarnos a vivir.

No obstante, si ignoramos a Dios cuando se nos manifiesta, igualmente la vida nos ignorará, nos humillará y al final nos hará sucumbir en los pantanos de la tristeza. El corazón, cuanto más grande es, más sufre. Pero ese sufrimiento es un regalo exclusivo solo para los que han elegido seguir el sendero de los justos. A los demás, solo en parábolas.

Si Jesús, el hijo de Dios, se postró sobre su frente y le expresó a su Padre todo lo que había en su alma, yo debía hacer lo mismo. Así que me arrodillé en mi alfombra de oración y le confesé a Dios todo lo que estaba sintiendo. Le dije:

—¡Te he fallado!

Pero él me dijo:

—No me has fallado.

Le dije:

—El mundo está en ruinas.

Pero él me dijo:

—Si ves que nadie está rezando, reza tú. Si ves que nadie está hablando del amor de Dios, hazlo tú. Aunque nadie quiera confiar en mí, confía tú. Si el mundo perdió la fe, no la pierdas tú. Si nadie está dispuesto a hablar de aquel que murió en la cruz, habla tú. Si nadie quiere amarme, ámame tú con todo tu corazón. Así estarás reconstruyendo el mundo.

Le dije:

—Señor, yo no soy nadie.

Pero él me dijo:

—Para mí, eres todo.

Le dije:

—¿Cómo lo haré?

Entonces él me contestó:

—Sigue su ejemplo…

Y mi alma se llenó de amor. Y ese amor tenía nombre. ¡Jesús!

Un viaje desde la cabeza al corazón

«Miré hacia adentro y la belleza de mi propio vacío me llenó hasta el amanecer». Mevlana Djalal al-Din Rumi.

Mi sed por Jesús no se agotaba con nada. Cada vez quería saber más acerca de su vida, de su pensamiento, incluso de lo que sus enemigos decían de él. Poco a poco me fui haciendo un asiduo consumidor de los libros que poblaban la biblioteca de mi localidad, además de frecuentar al menos una vez por semana la librería de mi barrio, esperando algún nuevo título que me sorprendiera, que aportase algo distinto a lo que ya sabía sobre él.

Aunque alejado de las diferentes ramas del cristianismo, decidí estudiar ministerio pastoral y capellanía, creyendo que de esa manera mi corazón y el suyo estarían más unidos…, pero me equivoqué. En el seminario, al igual que en la catedral de Delhi, no encontré a Jesús por ninguna parte; sino tan solo gente que quería imponerte su visión de él, y que además se dedicaba a criticar las otras membresías que no pensaban como ellos. Sin darme cuenta, me había metido en una escuela de fariseos donde Jesús era lo menos importante.

Al terminar el curso, siendo fiel a mí mismo, decidí no ordenarme y continuar buscando en los círculos académicos. Durante algún tiempo, el estudio del Jesús histórico, conocido en las universidades como «el Jesús de las sandalias», me sedujo a pensar que por fin podría llegar a buen puerto, a un puerto seguro donde él me estaría esperando. Desafortunadamente, tampoco entre los eruditos universitarios encontré la neutralidad que yo esperaba.

Si los creyentes tomaban al pie de la letra cada frase de las Sagradas Escrituras, los académicos se atrevían incluso a negar la existencia de Cristo, otros defendían que fue enterrado en una fosa común y que por eso no pudo encontrarse el cadáver, asegurando que los apóstoles inventaron la leyenda de la resurrección para mantener con vida el recuerdo de su maestro, mientras que la mayoría pensaba que Jesús únicamente fue uno más de tantos iluminados que se hicieron pasar por Mesías y que su movimiento fracasó estrepitosamente, acabando por ello colgado del madero.

Extraña postura esta, toda vez que, dos mil años después de Jesús, su recuerdo y su modo de vida siguen siendo motivo de inspiración y análisis para millones de personas de todo el mundo.

Para los académicos, había que desvincular a Jesús de sus milagros porque, según ellos, los milagros no existen. Con todo, Jesús no fue acusado de ser un farsante por sus rivales, sino de realizar sus prodigios durante el día de descanso semanal. Algo totalmente prohibido según las leyes hebreas.

A principios del siglo XIX, Georges Cuvier, profesor de anatomía comparada en el Museo de Historia Natural de Francia, aseguraba que los meteoritos no podían existir, puesto que en el cielo no hay piedras. Según su razonamiento, la declaración del naturalista francés parece lógica. Empero, el tiempo pasó y la evidencia demostró que el cielo está plagado de piedras, las cuales además llevan cayendo a la tierra desde tiempos inmemoriales.

La refutación de aquella sesuda sentencia no solo debería invitarnos a abrir nuestras mentes, además demuestra que el barón de Cuvier nunca tuvo la fortuna de ver ninguna *estrella fugaz* cayendo a la tierra; y que tampoco quiso creer el argumento de los numerosos testigos que durante milenios afirmaron haber visto piedras procedentes del cielo. Muchas de las cuales todavía son veneradas por algunas religiones actuales, como las que se encuentran integradas en las paredes del santuario de la Kaaba, en La Meca.

Como curiosidad, las Escrituras afirman que Jesús se apareció a más de quinientas personas después de su muerte en la cruz... Unas personas que tuvieron que desconfiar de su intelecto para aceptar que a veces también pueden llover piedras del cielo.

Para los historiadores, Jesús tampoco pudo ser el hijo de Dios porque nadie ha podido probar la existencia de Yahvé. Aunque su mano está patente en toda la creación, parece que la ciencia, que se supone debería defender que todo efecto tiene su causa, sin embargo, estima que el diseño de la vida, de los animales, de las plantas, de los ciclos de la naturaleza e incluso de las leyes físicas, surgió de la nada por puro azar. Sin un creador. Algo todavía más difícil de creer y de explicar, ya que de la nada no puede nacer nada.

Demostrar que Dios existe es tan sencillo como levantar una mano, debido a que en ese gesto tan simple hay una mente que ordena y un cuerpo que obedece. De la misma manera, toda la creación es como un organismo que está supeditado a una mente primera que es la causa de todo. Sin ella, nada se movería.

Detrás del diseño inteligente del cuerpo humano debemos inferir un arquitecto que haya diseñado nuestro ADN. Un libro bastante más sagrado que el Corán, el Gita o que la Biblia, puesto que en realidad es el único libro que Dios ha escrito con sus propios dedos.

Desvincular a Jesús de Dios es como separar al dalái lama de Buda solo porque alguien piense que un ser humano no puede alcanzar la felicidad que trasciende los sentidos. Cuando se pone el corazón al servicio de una razón parcial, por más elaborados que sean sus argumentos, el corazón más se alejará de la verdad que tanto anhela. Muchas veces medimos las religiones por su carga intelectual, sin tener en cuenta sus prácticas devocionales, las cuales son en realidad el tesoro que cada devoto debe horadar para hacer posible lo que los científicos consideran imposible.

Con las prácticas devocionales se nos ha asegurado que quien da un paso hacia Dios, es recibido con dos pasos de Dios hacia él. En la devoción hay una negación de nosotros mismos y una confianza ciega en aquel a quien nos dirigimos. Alguien que nada tiene que ver con los escribas, sacerdotes y fariseos tanto modernos como antiguos. Solo así nuestros pensamientos se convertirán en sus pensamientos, nuestros corazones en su corazón y nuestro cuerpo en su cuerpo. Esa es la verdadera oración y el objetivo final de toda meditación. Si buscas el objeto de tu amor y a cambio entregas tu alma, debes perderte a fin de que la unión se manifieste. Debes entregarte de tal modo que nunca más puedas encontrarte en la vida.

> En cierta ocasión alguien le preguntó a Majnun:
> —¿Amas mucho a Laila?
> Él respondió:
> —En realidad no la amo.
> Asombrado, su amigo le dijo:
> —Pero vamos, si te pasas los días y las noches llorando, componiendo versos en su honor, sin comer ni dormir, loco de amor y de pena. ¿No es acaso eso amor?
> Majnun respondió:
> —Por medio del amor, ahora Laila se ha convertido en Majnun y Majnun se ha convertido en Laila. Se han fundido el uno en el otro. Así que ya no somos dos, ahora somos el amor.
>
> Farid ud-Din Attar.

Confiar en la propia razón no es muy razonable, puesto que hay más cosas en el cielo y en la tierra de las que supone nuestra ciencia. Este es el camino más solitario, pues la verdad no es bien recibida por la inmensa mayoría de personas; y como bien decía Melanie Klein: «Quien come del fruto del conocimiento, siempre es expulsado de algún paraíso».

Todo aquel que se enamora de la verdad, debe estar dispuesto a entregarlo todo para que la verdad nos ame, nos encuentre y nos deje beber de sus manos. A pesar de que Jesús se hizo acompañar de al menos doce discípulos y otras tantas mujeres, realmente fue el hombre más solitario del mundo, el más incomprendido, el más humilde, e incluso a veces también el más triste. Un precio que no todos están dispuestos a pagar.

Cuentan que, en cierta ocasión, Shiva y Parvati decidieron dejar su hogar en el monte Kailash y pasear un rato por la tierra. Su viaje los llevó a través de una espesa jungla, en la que la diosa vio a dos hombres caminando en su dirección. Parvati pensó que eran *sramanas* porque vestían con unas humildes túnicas. Cuando los hombres vieron a Shiva y Parvati, se inclinaron respetuosamente y juntaron sus manos en señal de respeto. Shiva respondió a sus saludos de la misma manera reverencial, de manera que Parvati se quedó sumamente confundida. Sin poder reprimir su asombro, se volvió hacia su esposo y le preguntó:

—¿Por qué te has inclinado ante dos simples ermitaños, tú que eres el Dios de los dioses?

Shiva entonces respondió:

—Querida Parvati, tu interpretación de lo que has visto no es correcta, tus ojos te han engañado. Esos ascetas no eran simples mortales. Esos dos hombres eran Rama y su hermano Lakhsman. Y Rama es la encarnación de Vishnu en la Tierra.

Shiva le contó que Sita, la esposa de Rama, había sido secuestrada por el demonio Ravana, y que Rama y su hermano estaban buscándola por todo el mundo.

Al igual que los sacerdotes que acusaron a Jesús no pudieron creer que alguien nacido en un pesebre fuera en realidad el Mesías, Parvati no pudo creer que Vishnu se hubiera encarnado en alguien tan vulgar, por lo que su mente desconfío de las palabras de Dios.

Para comprobar si su marido estaba en lo cierto, Parvati se disfrazó de Sita y fue al encuentro de Rama, diciéndose a sí misma que si en realidad aquel hombre era Dios, podría ver más allá de las formas. Cuando lo divisó, se dirigió hacia él, segura de que no podría reconocerla y que se dejaría engañar por su apariencia. Rama, al verla delante de él, la saludó con las manos juntas y se inclinó como la vez anterior. Luego dijo:

—Oh Parvati, ¿por qué vienes a verme tú sola? ¿Por qué Shiva no ha venido contigo también?

Parvati no supo qué responder y sencillamente se excusó y regresó al Kailash. Cuando Shiva la vio, le preguntó:

—¿Dónde has estado?

Ella, avergonzada, le confesó que no había creído la historia de Rama y que había decidido ir a comprobarlo por ella misma.

Shiva simplemente sonrió, pues de sobra sabía que los caminos de Dios son asombrosos para aquellos que únicamente solo confían en sus propios ojos y se dejan llevar por sus conjeturas, sin tener en cuenta lo prodigioso. Años más tarde, Jesús tendrá que pedirle a su discípulo Tomás que metiese los dedos en sus llagas para que comprobase que en realidad había resucitado.

Si confiamos únicamente en lo que vemos, estaremos perdiéndonos la mayor parte del mundo, que es la que no vemos. Nuestro conocimiento también necesita de fe. En realidad no sabemos si nuestros padres son nuestros padres, pero lo creemos. Tampoco sabemos si nuestra pareja nos ama, pero confiamos en ella. No sabemos si mañana volveremos a despertar, pero dejamos nuestras zapatillas a los pies de la cama porque esperamos que así sea. La fe forma parte del ser humano, así como el sol sale cada mañana…, crean algunos o no.

Cuando por fin comprendí que, en lugar de estar avanzando, me estaba convirtiendo en un sanedrín, dejé de buscar a Jesús en los libros e intensifiqué mi práctica de adoración. Además de la meditación, de mis oraciones personales y de la repetición del mantra más sagrado, comencé a levantarme a las tres de la mañana para pedir bendiciones para Jesús.

Poco a poco decidí que, en lugar de buscarle en los libros, haría lo que él quiso que hiciéramos. Amar a Dios sobre todas las cosas, llenarnos de compasión por las personas que sufren, abstenernos de lo reprobable, dulcificar mi carácter y ayudar al prójimo.

Para seguir a Jesús había que hacer lo que él hacía, no lo que otros dicen que hizo. La divergencia entre una cosa y otra es abismal. El contraste entre Jesús y las iglesias es como la diferencia que hay entre una rosa y su reflejo en el espejo. La imagen del espejo, aunque aparentemente hermosa, no tendrá ni la calidez ni el aroma del original. Si alguien quiere conocer a Cristo como merece ser conocido, debe entender que no se encuentra en ninguna universidad, ni en ningún templo hecho por la mano del hombre, sino en la casa que su Padre hizo, y que todos llevamos dentro, en el centro del pecho.

Una de tantas noches, cuando regresé a la cama, soñé que estaba con él y que también se encontraban allí todos los discípulos. Jesús entonces comenzó a repartir ropa entre los presentes: túnicas, camisas, mantos… Todas las prendas eran de color rojo oscuro, como la sangre. Cuando se acercó a mí, me puso encima un chaleco y yo lo acepté. Antes de despertar, sin embargo, me dijo que solo después de haberme perdido, podría cumplir la misión que me había encomendado. Al abrir los ojos comprendí que aquel sueño no procedía de mi mente, sino de ese lugar donde los ángeles moran.

Contaba Djalal al-Din Rumi que una vez hubo un hombre que se pasaba toda la noche repitiendo el nombre de Dios hasta que sus labios se endulzaban por la alabanza. Entonces se le apareció el demonio y le dijo:

—¿Dónde está la respuesta de Dios a tus súplicas? Cada vez que lo llamas, yo no oigo ningún «aquí estoy» como respuesta.

Estas palabras calaron su corazón y el hombre regresó al lecho dejando la alabanza sin terminar. Cuando se acostó para dormir, en sueños vio a un ángel que le decía:

—Oye, has parado de alabar a Dios; ¿por qué te arrepientes de llamarlo?

El hombre respondió:

—Por más que le llamo, no me llega ninguna respuesta de su parte.

Entonces el ángel replicó:

—Tu invocación es a la vez tu súplica y la respuesta de Dios. Tu dolor por la separación es su «aquí estoy». Tu fervor es su mensaje y su «no me olvides, porque yo no te he olvidado». Tu temor y tu amor son el lazo que te une a su gracia. Así que ya ves que detrás de cada «¡oh, Señor!» que emites, hay cientos de «¡aquí estoy!» que no escuchas.

MASNAVI.

El discípulo amado

«Clama a mí y yo te responderé y te enseñaré cosas grandes y ocultas que tú no conoces». Jeremías 33:3.

Cuando mis alumnos me preguntan por Buda, yo suelo hablarles de un hombre que vivió hace muchos años en el seno de una familia adinerada. Sus padres, para demostrarle su amor, solían concederle todos sus caprichos, por lo que el joven fue creciendo envuelto en una especie de hechizo que le ocultaba la visión de la realidad.

Durante su juventud, como todos los chicos de su edad y posición, se dedicó a disfrutar de la vida; bebiendo, comiendo y cantando hasta el amanecer. No obstante, cierto día se encontró con algo que le hizo cambiar el rumbo de su vida. Algunos aseguran que la visión de la enfermedad, de la vejez y de la muerte se metió en su alma para hacerla jirones. Pero lo cierto es que poco sabemos de aquel suceso.

Fuera lo que fuera lo que le pasó, tuvo que ser demoledor, ya que dejó al joven totalmente abatido y sumido en la más absoluta tristeza. Cuenta la leyenda que, para salir de aquel abismo, decidió dar un giro brusco a su modo de vida, deshaciéndose de todo lo que tenía, cambiando sus ropas principescas con las de un mendigo, cortándose el pelo y dedicándose a la búsqueda de la santidad por medio de las privaciones más extremas.

Así nació un nuevo ser más perfecto que el anterior. Renunciando a su linaje familiar, se dedicó a buscar su herencia divina por sus propios medios… y cambió de nombre. Porque una nueva vida merece un nuevo nombre.

Entre sus vecinos y amigos le tomaron por loco. La gente le miraba y meneaba la cabeza con desaprobación. Pero aquella nueva alegría que había encontrado no podía compararse con la de sus años mozos. Este nuevo tesoro no estaba en los placeres de los sentidos, ni en la vanidad de los trajes caros, ni en el placer de perder la razón entre los embrujos del alcohol, sino en el canto del alma que conduce a la sencillez del corazón. Una embriaguez sin duda muy superior a la de cualquier droga o licor. Un movimiento del alma que, cuando se está preparado, es capaz de mudar todo de sitio.

Así, con este precioso aliento, el muchacho se echó a los caminos sin llevar sandalias, ni zurrón, ni cosa alguna que pudiera hacer más pesada su travesía. Y se dedicó a pedir limosna, a dormir allá donde pudiera y a meditar bajo los árboles, contemplando la serena explosión de colores del amanecer y las luminarias que aparecen en el cielo cuando el sol se oculta; a escuchar el humilde canto de las alondras y el sonido del viento al pasar por entre las ramas de los árboles, el cual, como su mismo espíritu, era incorpóreo, pero a la vez esparcía el polen de las flores allá donde iba para hacer de esta tierra un lugar más bello y acogedor.

Al igual que el viento, el muchacho no esperaba a contemplar el fruto de las buenas obras que iba haciendo y se marchaba antes de que pudieran darle las gracias. De esa manera, con las manos vacías, pero con el corazón lleno de amor, comenzó la vida de uno de los más grandes maestros de la humanidad, cuyo testamento siguen aún cientos de personas en todo el mundo. Un hombre que, haciéndose el más pequeño, sin embargo, consiguió elevarse por encima de los más poderosos.

A día de hoy los ancianos todavía recuerdan los prodigios de aquel hombrecillo menudo y delgado que domó a una bestia únicamente acariciando su cuerpo y hablando con ella tiernamente. Incluso se siguen admirando de la vez que limpió las llagas de un leproso con trozos de sus propias vestiduras empapadas en agua sin temor a contagiarse de la terrible enfermedad.

A los cuarenta y cuatro años, rodeado de sus hermanos y hermanas espirituales, siendo padre de una comunidad que ya se extendía por el norte, sur, este y oeste de su país, abandonó en paz este mundo, dejando como herencia una vida colmada de amor, fe y servicio a los demás.

Y es en este momento cuando alguien me recuerda que estoy equivocado, que Buda murió en su ancianidad por haber ingerido carne en mal estado. Sin embargo, yo les confieso que no estoy hablando del príncipe de los sakias, sino del príncipe de los pobres, del hijo de Pietro Bernardone, más conocido como Francisco de Asís, el discípulo amado de Jesús. Lo que vuelve a provocar desconcierto, puesto que Francisco nació 1148 años después de Cristo, algo que, sin embargo, no impedirá que en realidad Francisco sea ese discípulo al que Jesús amó y cuyo nombre no aparece en las Escrituras, ya que nacería once siglos más tarde.

Situada sobre el monte Subasio, Assisi pertenece a la provincia de Perugia, región de Umbría, y se encuentra a unos doscientos kilómetros al noreste de Roma. Fue convertida al cristianismo por el mártir san Crispólito, recogiendo san Rufino su legado apostólico, en cuya memoria se erigió la iglesia que hoy lleva su nombre y que se alza justo en medio de la pequeña localidad.

Aquí nació, en 1181, Giovanni Bernardone, hijo del rico comerciante de telas Pietro Bernardone y donna Pica Bourlemont, de origen francés, quien inculcó a sus hijos el amor por la Provenza y sus tradiciones, motivo por el cual al joven Giovanni se le conocería por el sobrenombre de Francesco; aunque algunos aseguran que fue a causa de su afición por los cantos de trovadores propios del país galo.

Decenas de veces había soñado con poder visitar los lugares donde vivió uno de los más grandes santos de la humanidad, arrodillarme frente a su tumba y rezar por él y con él. Días antes de tomar el avión, una buena amiga me advirtió:

—Debes ir con el corazón muy abierto.

¡Ese era el secreto! Soltar las riendas del corazón para que el alma cabalgase libre y regresase al cuerpo con una fe renovada.

El viaje hasta Roma fue largo y fatigoso, pero cuando salí del vagón de tren y puse un pie en Asís, una increíble alegría, como nunca antes había sentido, inundó mi alma y una extraña sonrisa se colocó en mis labios sin que a mí se me pasara por la cabeza la idea de protestar.

Era como si el espíritu de Francisco, once siglos después de su partida, siguiera presente allá donde mirase y su alborozo fuera la recompensa para los peregrinos que arribábamos hasta su casa con la intención de seguir su ejemplo.

Sin duda, el primer regalo de Asís fue esa exultante alegría, y el segundo fue la imagen de la iglesia de Santa María de los Ángeles, en los límites de la Porciúncula, a la izquierda de la estación de tren. Allí, a escasos metros de donde me encontraba, Francisco habría entregado su alma al Señor en la capilla del Tránsito el 3 de octubre de 1226.

Desde Santa María de los Ángeles hasta Asís hay cuatro kilómetros que puedes recorrer en cualquier bus urbano con salida desde el mismo santuario o desde la estación de tren, y que llega hasta la puerta de San Pietro —la más cercana a la Basílica de San Francisco— o hasta Porta Nuova, a espaldas de la Basílica de Santa Clara. No obstante, y a pesar de tener que llevar las maletas a cuestas, no quise resistirme a realizar a pie el sendero que él tantas veces habría recorrido, llamado ahora Mattonata.

Sobre mi cabeza, un cielo azul limpísimo hacía juego con el verde intenso de la hierba fresca, mientras decenas de olivos y todo tipo de florecillas y árboles frutales crecían a un lado y otro de la vereda hasta llegar a las puertas mismas de la ciudad.

Aunque llevaba toda la noche en vela, desde casa hasta Roma, y desde Roma a Asís, el cansancio había desaparecido como por arte de magia y mi corazón estaba exultante de emoción. Siendo ya la hora de almorzar, y sin haber probado bocado desde la noche anterior, tampoco mi estómago se quejó para que comprara algo de comer. Era como si aquella divina alegría me alimentara y reconfortara. Y no se me hizo difícil imaginar a Francisco haciendo exactamente lo mismo que yo. Mirando al cielo y sonriendo a un Dios que merece ser sentido de esa manera.

Tampoco pude evitar pensar que, si me dejaba llevar por esta alegría, acabaría volviéndome loco, benditamente loco. Loco de amor, de felicidad, de ilusión, de inocencia, de paz, de poesía, de pasión por Jesús, de ingenuidad, de sorpresa, de vida, de sueños, de Dios y de todo…, pues Dios es y será mi todo. Y solo quien comprende estas palabras podrá igualmente volverse loco como Francisco.

Durante el trayecto no dudaba en detenerme a beber de las fuentes que se repartían a un lado y otro del camino para que también el cuerpo degustase el dulce frescor de Asís. A la izquierda, como si del castillo del Grial se tratase, hizo su aparición la Basílica de San Francisco, refulgiendo como la luminaria de la cual se nutría toda la región e incluso los alrededores. No obstante, no quise encaminarme hacia ella llevando las maletas encima. A escasos metros de mí descansaba el cuerpo del apóstol de los pobres, aquel que supo imitar a Cristo a la perfección… tenía que estar listo.

Dispuesto a abordar los últimos metros hasta entrar en el recinto amurallado, un joven vino a mi encuentro como si fuese una aparición. Cargado con una vieja mochila y vestido de harapos, el muchacho, que hasta hacía unos segundos se afanaba en recoger aceitunas del suelo, detuvo su labor, dio unos pasos hacia donde me encontraba y me saludó con una sonrisa.

Yo, lejos de tomar cualquier tipo de precaución, quise ver en él el reflejo de *los minores* a los que Francisco tanto amor profesó y, cogiendo su mano, lo atraje hasta mi pecho y lo abracé con fuerza, lo que sin duda le dejó perplejo. El desconocido me devolvió el abrazo y, como dos viejos amigos que se vuelven a encontrar, sentados en una sencilla piedra que sobresalía del terreno, me confesó que en esta vida solo el amor de Dios es importante. Su amor nos viste, me aseguró, nos alimenta, habla con nosotros en la intimidad de nuestros corazones cuando nos sentimos tristes y nos calienta en las noches de invierno. Su amor calma nuestra sed en el desierto inhóspito de la existencia y nos conduce hasta su Tierra Prometida.

—Su amor es la joya más valiosa, por tanto, no pienses que soy pobre —dijo mirándome fijamente a los ojos—, mi tesoro no es de este mundo.

Antonio Piccolino, como decía llamarse, finalmente se despidió con una frase que todavía guardo en mi corazón: «Hasta Jesús por Francisco y hasta Dios por Jesús».

Las palabras del muchacho me recordaron la historia que recoge el Sagrado Corán acerca de la vida de Abraham. Algo distinta a la que podemos encontrar en el Génesis, pero igualmente hermosa. Dice el libro de los musulmanes que el profeta fundador de las tres religiones monoteístas, buscando al Dios verdadero, salió de la casa de su padre, como también hizo Francisco, donde se veneraban ídolos vacíos que representaban a las pasiones mundanas.

En mitad de un páramo miró hacia arriba y se preguntó si el sol, por su belleza y solemnidad, no sería en realidad Dios. Pero, al ver cómo el astro rey se escondía en el horizonte, reflexionó que el Dios verdadero debe estar siempre presente, si no, no puede ser Dios. Por lo que el sol, que deja a la humanidad durante medio día sin su luz, no era lo que él estaba buscando.

Abraham, en íntima reflexión, logró alcanzar un estado de comprensión divina que nosotros, con toda nuestra ciencia y tecnología, todavía no hemos alcanzado, pero que Jesús explicó de forma magistral en su Sermón de la Montaña. Y es que el amor verdadero, como el Dios verdadero, siempre está brillando en la cima del cielo, alumbrando a buenos y malos, a santos y pecadores, ya que de otra manera ni sería amor ni sería Dios.

Si lo que llamamos amor, paz, compasión y fe se esconden, aunque solo sea medio día, como Abraham adivinó, debemos entender que son ídolos falsos que emanan del propio interés, de manera que en realidad no son ni amor, ni paz, ni compasión ni fe. Y lo que debemos hacer es buscar la esencia del Señor que está siempre presente, que jamás se esconde y que brilla eternamente sobre nuestros corazones para conducirnos hacia el camino correcto. De esa manera podremos distinguir entre lo real y lo aparentemente real. Así descubrió Abraham al Dios verdadero y por él fueron bendecidas todas las naciones de la tierra.

Jesús ofreció su vida por nosotros para que fuésemos salvados. Asimismo, por amor, Francisco nos enseñó la forma correcta de seguir al Hijo de Dios.

Francisco creyó de todo corazón en un Jesús que iba en busca de aquellos que nadie quería, que llamaba a los que sufrían para darles nueva vida, curar sus enfermedades y devolverles, no solo la vista y el oído, sino también al Padre que les habían robado.

Jesús no tenía ni morada ni dinero, por lo que Francisco no sería en esto diferente al hijo de un pobre carpintero de Belén. Cristo vistió humildemente, como el hombre más sencillo de su época, por lo que Francisco, años más tarde, se cubriría con un sayal hecho de retales que alguien le regaló o que encontró en algún basurero y se casaría con la dama pobreza.

Jesús ofreció voluntariamente a Dios todo lo que tenía, incluso su vida y su cuerpo, entregándose al martirio; por lo que Francisco, si quería seguir a Jesús, debería hacer lo mismo.

En lo que hoy se conoce como la plaza de la Iglesia Nueva, pudo ubicarse la casa y el almacén de telas de la familia del discípulo dilecto de Cristo, la cual guarda su memoria con una estatua de don Pietro y donna Pica. Mi hotel se ubicaba a escasos veinte metros del lugar.

Cuenta una piadosa leyenda que donna Pica, debido a los insoportables dolores del parto, solía quejarse día y noche por las contracciones, hasta que un ángel disfrazado de mendigo tocó su puerta y le dijo a su criada que, para que los dolores cesaran, debían trasladar a la señora al establo.

Pensando que se trataba de un pobre loco, al principio no le hicieron el menor caso. Sin embargo, como los dolores no cesaban, acabaron cumpliendo las indicaciones del extraño, de manera que allí, entre el heno y la paja, entre un buey y una mula, nació Francisco, como nació Jesús once siglos atrás.

Tras dejar las maletas en el hotel, me di una ducha rápida y crucé de nuevo Asís para visitar la basílica que albergaba los restos del hijo de Bernardone. Admirando, como no podía ser de otra manera, la serena belleza del edificio, deliciosamente revestido de un radiante color blanco, he de reconocer que no hice caso a las pinturas de sus paredes, ni a las esculturas de sus capillas, y que mi corazón solo anhelaba encontrar la escalera de acceso a la cripta donde descansaban los restos de Francisco.

Allí, a la vera del enrejado que separa el pasillo del mausoleo, compré un cirio blanco que deposité en una cesta frente a su tumba. Una ofrenda de luz para quien trajo tanta luz a este mundo. ¿Cómo presentarme ante él con las manos vacías? Un humilde presente, he de reconocerlo, pero cargado de amor.

Y así fue cómo, sentado en un banco a la derecha del sepulcro, recé dándole las gracias a Dios por Francisco, mientras mis ojos no se apartaban de la lápida que descansaba sobre el altar, sabiendo que su cuerpo se encontraba tras esa piedra, pero que su espíritu estaba por todas partes.

No hice nada para impedir que las lágrimas hicieran su aparición. Lágrimas de emoción, puesto que la tristeza no tenía cabida en la casa de Francisco. Y de esa manera pasaron cientos de padrenuestros y de letanías con el encanto de imaginar que estaba rezando detrás de él, sintiendo su agradable presencia, como la presencia de los primeros hermanos que también descansaban en los diferentes nichos que se reparten por la estancia, hasta que el tiempo, como un ladrón en la noche, me traicionó, pasando demasiado deprisa.

Mientras la gente entraba y salía, yo permanecí rezando hasta que alguien me indicó que debía abandonar la basílica, que había llegado la hora del cierre. El corazón estaba colmado y el alma entregada a Dios, por lo que dejé que el cuerpo por fin descansara en el hotel hasta el día siguiente.

El retiro de la alegría

«Sumo, Glorioso y Altísimo Dios, ilumina las tinieblas de mi corazón y dame fe recta, esperanza cierta y caridad perfecta, sentido y conocimiento, Señor, para que cumpla tu santo y verdadero mandamiento». Oración de san Francisco frente al Cristo de San Damián.

La Piazza del Comune te invita a sentarte y ver pasar la vida. El antiguo templo a Minerva, al lado del Palazzo del Capitano del Popolo, guarda todavía su impresionante columnata y los misterios de épocas pasadas, aunque hoy se llame Santa María sopra Minerva y se haya convertido en un centro de culto mariano.

Admirando la fachada de la iglesia, me pregunté cuántas veces Francisco la habría contemplado y cuántas veces le habría inspirado alguna de sus coplillas de juventud antes de *salirse del siglo* y tomar los hábitos.

La plaza incita a cantar, a la imaginación de los poetas y a dejarse seducir por las musas, aunque nosotros les hayamos cambiado el nombre, como hemos cambiado el nombre al templo, y ahora las llamemos Espíritu Santo, puesto que son capaces de elevar nuestra alma hasta el séptimo cielo.

Rodeada de cafeterías y restaurantes, esta pequeña plaza podría considerarse de alguna manera el corazón físico de la ciudad, que no el espiritual, pues se ubica entre el Sacro Convento de San Francisco y la Basílica de Santa Clara.

Frente al templo, algunos arcos sostienen el Palazzo Comunale, guardando la ubicación de la Iglesia Nueva, mientras que el antiguo foro romano queda en la parte de atrás.

Salir del hotel y desayunar en este lugar anclado en el tiempo no tiene precio. Aquí debes beber el café tranquilo, atrapando el momento, disfrutando del amargo sabor del oscuro licor, mientras su aroma cargado de esencias se mete en el interior de tu nariz y llega hasta el corazón para despertarlo del sueño de la indiferencia. El sonido del ágora se entremezcla con el caer del agua de la fuente de los leones, cerca de Corso Mazzini, el cual desemboca en el camino hacia San Damián.

Durante los siete días que pasaría en Asís, intentaría hacer siempre el mismo recorrido. Tras el café de la mañana, pondría rumbo a la Basílica de San Francisco, donde volcaría mi alma al Señor hasta que las rodillas se quejaran y no sintiera los dedos de las manos de tanto pasar las cuentas de mi rosario de oración. Un rosario que no era ni cristiano ni budista, sino musulmán. Adquirido en la ciudad de La Meca, a escasos metros de la Kaaba, y que desde entonces me ha acompañado siempre allá donde voy.

Para honrar la memoria de mi anfitrión, decidí cambiar mis mantras por los suyos, de manera que a cada perla de mi rosario le seguía la letanía preferida de Francisco: «Alabado seas mi Señor».

Luego desharía el camino hasta regresar a la Piazza del Comune, donde seguiría el Corso Giuseppe Mazzini para desembocar en la Basílica de Santa Clara. Hasta su muerte, Clara fue un ejemplo de virtud y fortaleza, socorriendo a Francisco incluso en sus horas más bajas.

Podríamos decir que Clara fue la versión femenina de Francisco, siendo Francisco la versión masculina de Clara por la profunda complicidad que ambos mantuvieron.

La Basílica donde descansa hoy su cuerpo se encuentra cerca del lugar donde nació y se crio. La misma que alberga el Cristo original que se ubicaba en San Damián, el cual le encomendó a Francisco la tarea de restaurar su iglesia y al que Clara le tenía un profundo afecto. Tal vez por esa razón hoy descansa sobre la capilla donde se vela su cuerpo y no en su ermita original.

Estar allí, frente a aquel trozo de historia, y rezar la oración que tantas veces han repetido los creyentes al llegar aquí, deja una profunda impresión en el alma, la cual espera silente que, como al juglar de Dios, el Espíritu Santo nos revele hacia dónde debemos dirigir nuestros pasos.

Arrodillado, canturreo el padrenuestro, así como diferentes himnos que vienen a mi cabeza para alabar al Creador y darle las gracias por tantos y tantos dones que ha derramado sobre mí.

Bajando por las estrechas escalerillas se accede a la cripta, de planta redondeada, donde multitud de visitantes descienden para saludar a Clara y rezar junto a ella.

Yo tampoco dejaría pasar esta oportunidad, y allí, igualmente de rodillas, le pedí al Padre Eterno bendiciones para ella, ante cuya vida uno solo puede derramar lágrimas de alegría.

Frente a su alcoba todavía se conservan algunos de los vestidos que utilizó, el misal de Francisco, las sandalias que resguardaron los estigmas de sus pies y el cordón de la orden.

Por la tarde, tras un discreto almuerzo, me dirigí a San Damián saliendo por Porta Nuova. Entre campos de aceitunas y alguna que otra casa que salpicaba el sendero, recorrí la vía iniciática que desembocaba en uno de los puntos de inflexión en la vida de Francisco, donde el mismísimo Jesús le reveló lo que quería de él. En esta pequeña iglesia, que ha sabido conservarse casi intacta desde el medievo, el Poverello de Asís se salió del siglo, comprendiendo que no se podía servir a dos señores. O amabas a Dios o a las riquezas.

Las piedras del diminuto habitáculo que fue la iglesia original, convertido hoy en un sencillo pero hermosísimo convento, invitan a la introspección, a la serena contemplación de la réplica del Cristo que descansa sobre el altar mayor y a la meditación silenciosa.

Este mismo enclave fue restaurado por las manos de Francisco y de los primeros hermanos de la orden. Aquí, instruido quizás por el sacerdote local, quien habría hecho las veces de Juan Bautista, el hijo de Bernardone encontró a Dios y se encontró a sí mismo.

Francisco creía que Dios habitaba en el corazón de los hombres y, aunque escondido, era posible encontrarlo, porque Dios quiere ser encontrado. De esa manera, cierto día, llorando de pasión, de regreso a Asís se topó con un hombre que, oyéndole, se interesó por su tristeza; a lo que Francisco respondió: «Lloro la pasión de mi Señor Jesucristo, por quien no debería avergonzarme de ir gimiendo en alta voz por todo el mundo».

Profundamente conmovido por sus palabras, el hombre se puso a llorar también, y ambos estuvieron así largo rato. Esto le dio motivos para pensar que el cambio en los demás era posible, y que, con su propio ejemplo, podía llegar al corazón de muchas personas, recuperándolas para la verdadera causa de Cristo.

El hijo de Bernardone nunca estudió en ningún seminario, ni fue un gran erudito en teología ni en historia de la Iglesia. No repensó los dogmas, ni elucubró nuevas teorías, ni defendió originales interpretaciones evangélicas. Tan solo vivió como Jesús había vivido, como señalaba el evangelio, demostrando que:

> Aunque hablásemos las lenguas de los hombres y de los ángeles, si no tenemos caridad, somos como bronce que suena o címbalo que retiñe. Aunque tuviéramos el don de profecía y conociéramos todos los misterios y toda la ciencia; aunque tuviéramos plenitud de fe como para trasladar montañas, si no tenemos caridad, nada somos. Que, aunque repartiéramos todos nuestros bienes y entregáramos nuestros cuerpos a las llamas, si no tenemos caridad, nada nos aprovecharía. La caridad es paciente, es servicial. La caridad no es envidiosa, no es jactanciosa, no se engríe. Es decorosa. No busca su interés, no se irrita, no toma en cuenta el mal, no se alegra de la injusticia. Se alegra con la verdad. Todo lo excusa. Todo lo cree. Todo lo espera. Todo lo soporta. La caridad no acaba nunca. Desaparecerán las profecías. Cesarán las lenguas. Desaparecerá la ciencia. Porque parcial es nuestra ciencia y parcial nuestra profecía. Cuando venga lo perfecto, desaparecerá lo parcial.
>
> 1.ª CORINTIOS 13.

Francisco se solía presentar diciendo: «¡Soy el heraldo de un gran rey!». Pero el heraldo de este rey vestía ropas de mendigo y malvivía de la limosna y la caridad, predicando el amor por Cristo; contrariamente a otros que, vestidos de grana y oro, pretendían el mismo estatus.

Y aquí, dejando descansar el cuerpo en uno de los primeros bancos, recosté mi cabeza, de lado, sobre la piedra, soñando con que quizás fuera una de las tantas que Francisco había encajado, sin dejar de observar al Cristo frente a mí. Y como en tantas otras ocasiones, no quise refrenar mis lágrimas, las cuales salieron al exterior hasta que alguien vino a avisarme de que la iglesia estaba a punto de cerrar.

A veces, cuando me despertaba a las cinco de la madrugada sin ninguna razón, me levantaba y salía del hotel para rezar en el pequeño oratorio donde se supone que nació Francisco. Una acogedora ermita donde la austeridad y el silencio me acompañaban hasta que salía el sol y volvía a comenzar la ruta establecida.

Al acabar la semana me sentía ligero como una pluma, trasparente como el cristal y luminoso como una vela. Sentía que estaba en comunión con todo lo que me rodeaba. De hecho, pensé que si me quedaba un solo día más en Asís, desaparecería, me desvanecería en el amor y la alegría.

Mi alma podía volar con la golondrina, danzar con las nubes que pasaban por el cielo y cantar con el ruiseñor. Era tan intenso lo que estaba abrigando que ya no me afectaban los gestos de descortesía que me encontraba día sí y día no. Sin darme cuenta había alcanzado la estación del perdón y de la compasión. Todo en mí era alegría y amor. Dios estaba en su santa morada, mi corazón, y yo me había desvanecido en él.

Por su gracia, por fin pude comprender el tesoro de la alegría de una vida llena de milagros que todos podemos percibir si estamos vacíos de odio y llenos de amor. No hay mayor tragedia que permitir que nos roben a Dios. Y Dios siempre está presente en nuestras vidas. Por eso Francisco fue el dilecto del Señor, porque creyó sin reservas y Dios hizo milagros a través de él, reafirmando, aun cientos de años más tarde, la fe de quienes acudimos a él con el corazón dispuesto y rendido completamente.

Antes de tomar el tren de regreso a casa, visité por última vez la tumba de Francisco para darle las gracias. Y, sin temor a lo que pueda pensar el lector, debo confesar que sentí un intenso calor en el pecho, que tomé como respuesta por parte de Francisco, quien, desde su lugar de descanso, me sonreía directamente en el corazón.

Desde la lejanía, la última visión de Asís es la cúpula de Santa María de los Ángeles que, coqueta, no consiente en decirme adiós, sino hasta pronto, porque sentí que mi alma ya formaba parte de este lugar. Y no pude ni quise evitar las lágrimas, ni los sentimientos encontrados, ni la emoción de transmitir lo que aquí he vivido, ni la esperanza de regresar algún día con mi hijo, que, como no podía ser de otra manera, también se llama Francisco.

De hecho, solo me he vuelto a sentir así cuando él nació. Durante muchísimo tiempo, mi mujer y yo habíamos intentado tener un bebé sin éxito, y justamente cuando ya parecía imposible, Dios puso a Francisco David en nuestras vidas.

Aunque visitamos a varios ginecólogos en el transcurso del embarazo, por una razón u otra, en las ecografías nunca lográbamos ver su rostro. O se estaba moviendo demasiado, o se tapaba la carita con las manos —a veces incluso también con los pies—, por lo que jamás nos permitió que le viéramos la cara hasta el día que nació. Y os prometo que la espera mereció la pena. Cuando la enfermera me llamó para que me quedara con él hasta que su madre se recuperara de la anestesia tras la cesárea, y lo contemplé por primera vez, realmente supe lo que era el amor. ¡Nunca había visto nada tan hermoso!

En el transcurso de las dos horas que nos quedamos solos, entretanto lo acunaba en mis brazos, fui recitándole una a una todas las oraciones que conocía, repitiéndole además mis propios mantras mientras le miraba a los ojos y le daba las gracias a Dios por haberme hecho el hombre más feliz del mundo. También le conté el cuento de un niño grande llamado Jesús. Un cuento que todavía me pide que le repita cada noche.

Otra vez, como por un milagro, aquel sentimiento de amor incondicional que me traje de Asís volvió a brotar desde algún lugar de mi interior, haciendo que me sintiera totalmente diáfano, limpio, radiante. Todo en mi mente y en mi corazón era amor. Un amor tan intenso que podía diluirme en él. Todo yo era luz y la causa seguía siendo Francisco, aunque en esta ocasión no se apellidara Bernardone, sino Fernández.

Aquel día me quedé sin enemigos porque los pecados, que cualquiera hubiese cometido contra mí, fueron perdonados. Aquel fue el día del perdón, del agradecimiento y de la felicidad. Nunca pude imaginar que llevara tanto amor dentro de mí. Dios me había enseñado a amar de la manera más maravillosa.

Durante largos años me había dedicado a viajar para encontrar el amor. Paradójicamente, ahora que me había parado, era el amor quien me había encontrado a mí.

Muchas personas suspiran por ver el amanecer desde cualquier hermoso lugar del mundo. Yo suspiro por ver dormir a mi hijo en mis brazos mientras le recito los más bellos nombres de Dios al oído y le cuento cómo es Jerusalén, Medina, La Meca, Konya, Tlemcen, Granada, Damasco, Asís, Delhi, Lalibela, Estambul, El Cairo…

Por alguna extraña razón, era capaz de ver a mi hijo en toda la creación. Cada criatura inocente tenía el rostro de mi pequeño, cada campo en flor me recordaba a él, cada nube que transitaba por el cielo llevaba escrito su nombre. Mi hijo era mi roca sagrada, a la que no paraba de besar a todas horas, ya que había descendido directamente del cielo, del paraíso de mi Señor. Era mi agua de vida, puesto que me había salvado de morir de deshidratación en el desierto de la existencia. Eran mis sagradas escrituras, porque, cuando lo miraba, únicamente veía a Dios.

Esto dio sentido a una vieja práctica que aprendí en Dharamsala. Y es que el budismo enseña que debemos ver a cada criatura como si fuera nuestra madre, porque puede que, en vidas pasadas, de hecho, lo fuera. Así se despertará en nosotros un amor que será incapaz de lastimar a nadie, de la misma manera que jamás lastimaríamos a nuestra madre real. Pues bien, ahora podía comprender que aquella práctica habría sido extraída de la experiencia personal de alguien que, como yo, pudo ver el rostro de su madre en todas las criaturas que nos rodean de la misma manera que yo podía ver el de mi hijo.

Francisco me había dado un nuevo nombre: papá. Tal vez el más hermoso de todos los que me habían otorgado los diferentes maestros con los que tuve la fortuna de entrevistarme a lo largo de mi búsqueda. Francisco era mi hijo y yo era su padre. Él me bendecía con cada sonrisa y llenaba por completo mi corazón cuándo se acurrucaba entre mis brazos. Él era mi razón de ser. No había nada más en mi corazón ni en mi alma.

De repente y sin proponérmelo pude escuchar la sílaba OM en todo momento y en todo lugar. No hizo falta que me sentara a meditar, tan solo tenía que prestar atención unos segundos para distinguirla vibrando dentro de mí. A día de hoy, comprendo que la causa de aquel milagro solo fue el amor. Él me hizo elevarme de una estación a otra.

Desde aquel entonces, la sílaba más sagrada me ha acompañado siempre en todos los momentos de mi vida. Así, cuando creo que puedo perderme entre los hechizos del samsara o entre los sufrimientos de la vida, como los niños de la tribu africana de la que nos habló Tolba Phanem, tan solo tengo que detenerme un momento, escuchar el silencio y descubrir la palabra de Dios sonando en mi corazón para volver al camino correcto.

«Nosotros hemos conocido el amor que Dios nos tiene, y hemos creído en él. Dios es amor y quien permanece en el amor permanece en Dios y Dios en él», 1.ª Epístola de Juan 4:16.

Las profecías que Jesús cumplió

«El Padre que me envió ha dado testimonio de mí. Nunca habéis oído su voz, ni habéis visto su aspecto, ni tenéis su palabra morando en vosotros; porque a quien él envió, vosotros no creéis. Escudriñad las Escrituras, porque a vosotros os parece que en ellas tenéis la vida eterna; y ellas son las que dan testimonio de mí». Juan 5:37-39.

En ocasiones he escuchado a algunos sabios de la India decir que Jesús y el Cristo eran personas distintas. Jesús habría sido el hombre, el hijo de María, mientras que el Cristo sería el Hijo de Dios. Esto se debe a un desconocimiento de la cultura judía del siglo I y de la lengua hebrea.

Como los evangelios se escribieron en griego, muchas personas no conocen que el nombre original de Jesús era Yeshua. Jesús es una palabra que carece de significado. Yeshua, en cambio, significa Yahvé salva. Así mismo, la palabra mesías —que quiere decir ungido de Dios— derivó en el sustantivo helenizado Cristo.

Desde sus inicios, Israel ha esperado un mesías que traiga la salvación a su pueblo. De ahí que ambos nombres no puedan desligarse el uno del otro. Yeshua es el Cristo y el Cristo es Yeshua.

En el evangelio de Mateo, cuando el arcángel Gabriel habla con José, le dice estas palabras: «José, hijo de David, no temas recibir a María, tu mujer, porque lo que en ella es engendrado, del Espíritu Santo es. Y dará a luz un hijo, y llamarás su nombre Yeshua/salvación, porque él salvará a su pueblo de sus pecados».

En lo que sí estamos de acuerdo con los eruditos hindúes es en que Jesús no es un hombre, ni es un Dios, sino un estado del alma que todos llevamos dentro. El máximo potencial del ser humano cuando ha trascendido los anclajes de este mundo y ha recuperado su identidad divina. Solo entonces podemos decir que cada uno de nosotros es como la Virgen María, y que llevamos a Jesús, o a Cristo, en nuestro interior.

Desafortunadamente, la mayoría de sacerdotes y escribas de la época no creyeron que Yeshua fuera el Mesías. Tenían un velo en los ojos. Curiosamente, la última letra del nombre en hebreo de Jesús, es una *ayin*, que por sí sola significa ojo. Pero lo más increíble es que, en adelante, para no tener que decir su nombre, los rabinos decidirán quitarle esta última letra al nombre de Yeshua, llamándolo solo Yeshu. Yeshu significa *yimaj shemó vezikhró* —que su nombre y su memoria sean borrados— y es una de las peores y más oscuras maldiciones que existen en lengua hebrea.

Jesús, durante su ministerio, devolvió la vista a muchas personas, de las que sabemos que todas ellas se acercaron a él llamándolo por su verdadero nombre, por lo que sus ojos fueron abiertos de inmediato, puesto que ya habían recibido la sanación en su corazón. Por tanto, mientras que el pueblo judío siga maldiciendo a Jesús, y llamándolo Yeshu, y no Yeshua, seguirán estando ciegos, sordos y paralíticos, sin poder ver, ni oír, ni caminar hacia ese estado del alma llamado Salvación/Yeshua.

Toda la vida de mi gurú es como un enorme cuento lleno de simbolismos. Durante su última cena, antes de ser prendido, deseó con toda su alma celebrar la Pascua con sus amigos más íntimos. Los cuatro evangelios narran que, en un momento dado, tomó una copa, la bendijo, y la pasó para que todos bebieran de ella. Este gesto podría haber pasado desapercibido, puesto que era algo común en el ritual propio de la cena pascual, pero, sin embargo, no fue así. Los discípulos, años más tarde, lo recordarán y harán lo mismo que él en lo que pasará a denominarse eucaristía, creyendo que el vino se convertía en su sangre y el pan en su carne. No obstante, en la tradición hebrea, aquel acto tiene otro significado…

Cuando el novio le propone matrimonio a su novia, lo hace ofreciéndole una copa de vino para que beba. Si la novia no bebe, como pasó con Judas, significa que la propuesta era rechazada. Judas, en este caso, representa a la mayor parte del pueblo judío. En cambio, si la novia bebe, significa que la propuesta es aceptada. En ese momento, ambos deberán separarse por un tiempo. El hombre tendrá que regresar a la casa de su padre para construir una vivienda en la que ambos puedan vivir felices. Mientras, ella tendrá que mantener su virtud y honrar el nombre de su futuro marido. Únicamente cuando todo se haya dispuesto, el novio regresará a por su amada. Sabiendo esto, puede que aquel gesto de beber de la copa de bendición tuviera otro significado.

Yeshua fue apresado esa misma noche, juzgado y torturado. Luego le cargaron con una cruz y al final lo clavaron en ella. Murió al atardecer y luego de tres días en el sepulcro, resucitó y subió a los cielos, a la casa de su Padre, separándose por un tiempo, mientras nosotros —la novia— esperamos...

«En la casa de mi Padre hay muchas moradas; si no fuera así, se lo hubiera dicho; porque voy a preparar un lugar para ustedes. Y si me voy y les preparo un lugar, vendré otra vez y los tomaré adonde Yo voy; para que donde Yo esté, allí estén ustedes también», Juan 14:2-3.

Desde su nacimiento, Yeshua fue cumpliendo a pies juntillas todos y cada uno de los vaticinios que sobre el Mesías se venían pregonando desde la más remota antigüedad. El sentimiento de culpa y de vergüenza, por algún pecado que ya casi ni recordaban, vino persiguiendo al pueblo hebreo desde que Adán fuera expulsado del Paraíso. Un pecado que solo el Hijo de Dios podría lavar con su sangre para así restituir a los seres humanos de nuevo a su pureza primigenia.

Esto, unido a la deslealtad de los numerosos reyes de Israel para con las leyes de Yahvé, exaltó el celo de los profetas, que no se cansaron de presagiar la llegada del verdadero rey de Israel, descendiente de David, el cual liberaría por fin al pueblo del yugo de la esclavitud tanto de los sacerdotes corruptos como de los soberanos herejes, que no cejaban de someter al pueblo a terribles tributos.

Miqueas fue uno de los doce profetas menores del Antiguo Testamento, el cual se destacó por su celo en defender al pobre, al campesino y a los pequeños ganaderos frente a la tiranía de monarcas como Ajaz. Allá por el siglo VIII a. C., Miqueas aseguró a voz en grito que el Mesías tendría que nacer en Belén de Judea, ratificando así la promesa que venía anunciándose desde la época de los patriarcas.

«Mas tú, Belén Efrata, aunque eres la menor entre las familias de Judá, de ti ha de salir aquel que ha de dominar en Israel», Miqueas 5:1-5.

Según el relato de Lucas, una humilde familia de Nazaret se vería obligada a descender hasta Belén para empadronarse en el censo que el gobernador Quirino había ordenado, pues el linaje de José procedía de aquel lugar. Sin embargo, como no encontraron sitio en la aldea, tuvieron que refugiarse en una cueva. Según el evangelio de Mateo, Jesús nació siendo Herodes el Grande, rey de Israel, quien a la postre tratará de asesinarlo.

Belén era, y todavía lo es, una villa a pocos kilómetros de Jerusalén, donde el precio de la vivienda sería más barato, ya que no tendría que competir con la incipiente llegada de peregrinos que asolaban la ciudad santa, sobre todo para las tres fiestas principales del judaísmo, a saber: *Sucot* —la fiesta de los Tabernáculos—, que dura siete días y rememora los cuarenta años que el pueblo de Israel vagó por el desierto. *Pesaj*, que también dura siete días y conmemora la liberación de su esclavitud en Egipto. Y la fiesta de *Shavuot*, que recuerda el descenso de las Tablas de la Ley del monte Sinaí.

En la época de Jesús, los sacerdotes clamaban al cielo por un Mesías que los liberara del yugo extranjero y trajera paz a Jerusalén. Sin embargo, lo cierto es que traicionaron a Dios, se dejaron comprar por el dinero de Roma y claudicaron ante los caprichos de los emperadores y sus lacayos.

Cuando Pilatos robó los tesoros del Templo e introdujo estandartes con la efigie del César dentro del recinto sagrado, el sumo sacerdote Caifás se mantuvo prudentemente al margen mientras el pueblo salió a las calles intentando frenar la profanación de la casa del Señor, lo que a la postre costó cientos de vidas.

Isaías, uno de los profetas mayores de la antigüedad, coetáneo de Miqueas, vaticinó que el Mesías vendría a ser un hombre de paz al que torturarían y asesinarían, no un líder militar. Jesús no era lo que los sacerdotes querían, pero sí lo que el pueblo necesitaba.

Despreciado y desechado entre los hombres, varón de dolores, experimentado en quebranto. Todos evitaban mirarlo, fue menospreciado y no lo estimamos. Ciertamente llevó nuestras enfermedades y sufrió nuestros dolores; y nosotros le tuvimos por azotado, por herido de Dios y abatido. Mas él molido fue por nuestras rebeliones, traspasado por nuestros pecados. Sobre él recayó el castigo, pagó el precio de nuestra paz, y por sus llagas fuimos curados. Todos nosotros nos descarriamos como ovejas, cada cual se apartó por su camino; mas Yahvé cargó en él nuestros pecados. Angustiado y afligido, no abrió su boca. Como cordero fue llevado al matadero; y como oveja delante de sus trasquiladores, enmudeció, no quiso decir nada. Después de aprehenderlo y juzgarlo, le dieron muerte; nadie se preocupó de su descendencia. Fue arrancado de la tierra de los vivientes y golpeado por la transgresión de su pueblo. Se le asignó un sepulcro con los malvados, y murió entre los malhechores, aunque nunca cometió violencia alguna, ni hubo engaño en su boca...

ISAÍAS 53.

Tras la conquista de Jerusalén por los babilonios, hacia el 587 a. C., Nabucodonosor II destruyó el Templo de Salomón, quemó las Sagradas Escrituras, robó sus tesoros y deportó a los ciudadanos de Judea a Babilonia. Entre ellos viajaría Daniel, a quien el monarca puso inmediatamente a su servicio después de haberlo educado en las costumbres mesopotámicas. Sin embargo, Daniel no se apartó nunca de las leyes de Yahvé. Durante la mayor parte de su vida recibió visiones proféticas, sobre todo de la llegada del Mesías y del advenimiento del Reino de Dios en la tierra, las cuales dejó cifradas en su libro mediante claves numéricas. En una de ellas, según desvela la novela *Juicio a Dios*, Editorial Almuzara, anunció la fecha exacta de la llegada del libertador, su muerte y la posterior destrucción de Jerusalén, Daniel 9:24.

Según esta profecía, desde la restauración de Jerusalén —recordemos que los hebreos se guían siendo prisioneros en Mesopotamia y Nabucodonosor había destruido Jerusalén— hasta la llegada del Mesías, pasarían 69 semanas. Cuando Ciro II conquistó Babilonia, devolvió la libertad al pueblo judío y les financió un Segundo Templo. Los descendientes de Israel abandonarán entonces su exilio por grupos. Los primeros fueron comandados por Zorobabel en el año 539 a. C., quien se encargó de restaurar el santuario y el culto a Yahvé en el monte Moriah. No obstante, aun con el nuevo Templo en pie, los ancianos seguían clamando a los cielos porque en el *sancta sanctorum* ya no estaba el arca de la alianza. Dios, apiadándose de ellos, enviaría al profeta Hageo para anunciarles que aquel Templo vería la gloria del Mesías, por tanto, solo tenían que esperar.

El segundo grupo lo encabezó Esdras algunos años más tarde, sacerdote y doctor de la Ley, cuya misión fue velar por la observancia de la Torah.

Y, por último, llegaría el grupo de Nehemías, en el año 445 a. C., quien se dedicó a reedificar la ciudad de Jerusalén en conjunto.

Si aceptamos que, en lugar de semanas, Daniel seguramente se refiera a años, y sabiendo que el primer edicto de Artajerjes a Esdras para restaurar Jerusalén se dictó hacia el 458, si multiplicamos 69 semanas por 7 años de cada semana, nos darán un total de 483 años. Si ahora añadimos estos 483 años a los 458 anteriores, llegaremos hasta el 25 d. C., varias primaveras antes del inicio de la vida pública de Jesús… Pero sabemos que el calendario gregoriano es erróneo porque Dionisio el Exiguo contabilizó los períodos de poder de los emperadores romanos hasta llegar a la fecha del nacimiento de Cristo sin tener en cuenta los cuatro años que César Augusto reinó con el nombre de Octavio, ni tampoco tuvo en cuenta el año 0. Además, sabemos que Herodes, cuando ordenó la matanza de inocentes en Belén, buscaba a un niño menor de dos años, por lo que tenemos que sumar una horquilla de entre 5 y 8 años de diferencia al calendario actual, lo que sorprendentemente nos llevará hasta la fecha en que Jesús comenzó a predicar su ministerio, aproximadamente hacia el año 30.

Tras esas 69 semanas, Daniel aseguró también que el Mesías sería asesinado y que llegaría un príncipe extranjero que asolaría el Templo y la ciudad; lo que se consumó con el general Tito, que en el año 70 d. C. destruyó Jerusalén. Y más tarde con Adriano, en el 135, que la convirtió en una polis romana, Aelia Capitolina, exiliando de nuevo al pueblo judío. Pero la profecía de Hageo ya se había cumplido. Antes de que Tito destruyera el Templo, Jesús había predicado en él su evangelio, echando a los mercaderes —analogía de toda la podredumbre que se reunía en él—, poniendo el acento en la religión interior en lugar de en los ritos y en las costumbres desprovistas de compasión, como la de lapidar a las prostitutas; mujeres que se veían forzadas a vender su cuerpo porque la sociedad patriarcal del momento no les permitía trabajar.

En el libro de Números 24:17, está profetizado que el Mesías nacería precedido de una estrella. El profeta Oseas —11:1— vaticinó que sería llamado de Egipto. Y en el Salmo 72, Salomón añade que reyes extranjeros le traerían regalos.

Zacarías aseguró que entraría en Jerusalén montado en un pollino, que le pondrían precio a su cabeza: 30 piezas de plata, y que su costado sería traspasado. El autor del Salmo 2, posiblemente el rey David, añade que los reyes de la tierra —en este caso Roma— conspirarían contra Dios y contra su ungido.

Una vez crucificado, Jesús sigue cumpliendo las profecías que venían relatándose sobre él desde el principio de los tiempos: «Han taladrado mis manos y mis pies, puedo contar todos mis huesos», Salmo 22:16-18.

Junto a él fueron ajusticiados dos bandidos para que también se cumpliesen las palabras del profeta: «Entre los rebeldes fue contado», Isaías 53:12. Sin embargo, aunque teniendo que soportar el suplicio de la cruz, sus huesos no serían quebrados, Salmo 34:20.

La vida y el carácter del Nazareno quedan bien reflejados en el párrafo de Isaías 11:1-4, escrito setecientos años antes de su nacimiento: «Saldrá un vástago del tronco de Jesé, y un retoño de sus raíces brotará. Reposará sobre él el espíritu de Yahvé: espíritu de sabiduría e inteligencia, espíritu de consejo y fortaleza, espíritu de ciencia y temor de Dios. Y le inspirará en el temor de Yahveh. No juzgará por las apariencias, ni sentenciará de oídas. Juzgará con justicia a los débiles, y sentenciará con rectitud a los pobres de la tierra. Herirá al hombre cruel con la vara de su boca, con el soplo de sus labios matará al malvado».

Los milagros de Jesús son una expresión misma de su alma. Él está manifestando, no solo con palabras, la experiencia que tiene de Dios. Ese sentimiento era tan intenso, su comunión con Yahvé era tan fuerte, que no dejaban de suceder milagros a su alrededor. Milagros que incluso sus enemigos no se atrevieron a negar. El Talmud asegura que Jesús fue condenado a muerte por curar prodigiosamente enfermos en sábado, lo que no deja de ser otro testimonio histórico, esta vez de sus propios adversarios, los cuales no dudan en afirmar claramente esta prodigiosa cualidad del Nazareno.

Como vemos, el hijo de María se hizo merecedor de ser llamado Mesías, pues no dejó nada por cumplir. Si bien hay profecías meramente circunstanciales, que no aportan nada relevante a la personalidad de quien debía de venir; en cambio, otras, como las que encontramos en Isaías y en algunos Salmos, son tan sorprendentes que parece que el autor hubiera estado presente en la Palestina del siglo I, aunque se escribieran cientos de años antes.

Negar la realidad sobrenatural en la vida de Jesús es como negar la bondad innata de Mahatma Gandhi, de quien Einstein ya vaticinó que, como Jesús, a las generaciones venideras les costaría creer que alguien así caminara una vez sobre la tierra.

Porque era ciego y ahora puedo ver

«Al instante cayeron de sus ojos como unas escamas y recobró la vista, se levantó y fue bautizado». Hechos 9:18.

Debido a la erupción del volcán islandés Eyjafjallajökull, los cielos de media Europa se encontraban repletos de ceniza volcánica, lo que derivó en el cierre del espacio aéreo de la mayor parte del continente desde el 14 hasta el 20 de abril del año 2010. Desde Barajas recomendaban no acudir al aeropuerto, ya de por sí masificado por la inmensa cancelación de vuelos, sino ir más bien llamando por teléfono para conocer las últimas novedades y actuar en consecuencia, aunque todo apuntaba a que los trayectos con destinos al norte no podrían efectuar su salida hasta que retornase la visibilidad.

Mi avión para Turín debía salir en unas siete horas. Tenía planeado quedarme en la capital del Piamonte durante al menos una semana, en la que me dedicaría a visitar la catedral de San Giovanni Battista, donde por segunda vez en el nuevo milenio se haría la ostensión pública de la Sábana Santa.

La chica al otro lado de la línea telefónica fue tajante. No parecía viable la apertura del espacio aéreo en tan poco tiempo, por lo que me recomendó quedarme en casa y cambiar el billete para otro día. Desafortunadamente para ella, no sabía que mi Dios es un Dios de milagros y de prodigios. A pesar de sus palabras, sin dudarlo ni un segundo, subí a mi coche y recorrí los más de trescientos kilómetros que me separaban de Madrid.

Como los informativos habían advertido, el aeropuerto era un hervidero de personas haciendo cola en las ventanillas de las aerolíneas para intentar cancelar su reserva, mientras otras no apartaban la mirada de las pantallas de información, rezando para que su vuelo no se viese afectado por el caprichoso humo del volcán.

Aunque mi cabeza no paraba de repetirme que estaba perdiendo el tiempo, de alguna manera mi corazón sabía que todo saldría bien. Que cuando fuese a sacar la tarjeta de embarque, el humo se habría disipado y que mi vuelo partiría puntualmente sin problemas…, como así fue.

Milagrosamente, durante una ventana de ocho horas, todos los aviones, que tenían prevista su salida hacia el norte de Europa, podrían hacerlo sin más dilación. Sentado en mi asiento, cuando el aparato alcanzó los treinta y tres mil pies de altitud, miré por la ventanilla y sonreí. Era la segunda vez que Dios movía el universo para permitirme contemplar el cuerpo de Jesús impreso en una tela de lino. La primera fue en el año 2000.

Desde pequeño había soñado con poder ver la Sábana Santa. Bueno, realmente lo que quería era tocarla, acariciarla, besarla y sentirla entre mis manos. Pensar que aquel trozo de tela pudo ser el lienzo que envolvió el cuerpo de mi querido Jesús, hacía que mi cuerpo temblara de la cabeza a los pies.

Más allá de las fallidas pruebas del carbono 14, que la situaban en la Edad Media, haciendo oídos sordos a las críticas de los escépticos, que sostenían que era una falsificación de Leonardo da Vinci, mi fe en ella, lejos de menguar, fue creciendo cada día más. Estaba seguro de que aquel sudario era auténtico. De que quien puede distinguirse allí, es Jesús de Nazaret.

Las huellas de los clavos en las muñecas y no en la palma de las manos, las heridas de los *flagrum* en la espalda, el rostro mismo de la imagen, con la cara hinchada por los golpes, y los vestigios de un casco de espinas en lugar de una corona, como solían representar las pinturas del medioevo, no dejaban lugar a dudas.

Con veinte años yo no sabía casi nada de la vida. Tan solo era un crío que perseguía sus sueños… y mi mayor anhelo en aquel momento era poder ver con mis propios ojos al Hijo de Dios.

Mi situación familiar era difícil. Nunca me ha avergonzado admitir que éramos pobres, y que, gracias al duro trabajo de mi madre, que se echó la casa a cuestas, pudimos salir adelante. Pero no fue hasta que Dios nos echó una mano, si no las dos, que nuestra situación económica pudo mejorar. Entonces supe que era mi momento.

Conociendo que mi única oportunidad para viajar de manera gratuita era enrolándome en la Armada Española, no lo dudé un instante y me alisté en el ejército. Solo había un pequeño problema, la violencia no iba conmigo y no estaba dispuesto a disparar a personas que no conocía únicamente para cumplir las órdenes del general o del político de turno.

Esperando no tener que verme nunca en esa situación, pasé a formar parte de la tripulación de la fragata Numancia. Así fue como, cierto día de octubre del año 2000, durante mi primer viaje, llegamos al puerto italiano de La Spezia, desde donde saqué un billete de tren hacia Turín aun sabiendo que, si me pillaban, me caería un buen paquete. ¡El Reino de Dios se había acercado!

En aquellos tiempos internet no era lo que es hoy, de manera que tuve que coger mis referencias de unos antiguos y extraños lugares llamados bibliotecas, donde había desperdigados cientos de objetos curiosos, cargados de misticismo, llamados libros. Sin embargo, ninguno de ellos me advirtió que la Síndone solo se exponía tres o cuatro veces cada cien años. Y que, además, durante esos años, solo se mostraba al público durante unos pocos días. Por tanto, que justamente cuando el destino quiso que me enrolase en el ejército, y que mi barco tocase un puerto en el norte de Italia para que yo pudiera escaparme a Turín, la Sábana Santa hubiese estado expuesta, habría sido un auténtico milagro ¡Pero así fue!

Años más tarde, un buen amigo quiso calcular las posibilidades que hubo para que todas aquellas circunstancias se hubieran alineado en mi favor, resolviendo que las variantes eran tantas y tan extraordinarias, que sencillamente era imposible de calcular.

Como supondrán, yo no conocía nada de esto mientras sorteaba el Palacio Real y buscaba, a mano derecha, la Basílica de San Giovanni Batista. Ni tampoco sabía que había que pedir cita para poder entrar en la catedral. Ni que la cita no solía concederse para ese mismo día. Ni tampoco que la entrada oficial estaba bastante más lejos del acceso principal al templo.

Con el corazón en un puño, sin saber muy bien qué es lo que iba a decir, me acerqué a uno de los vigilantes que custodiaban la entrada a la catedral, le miré a los ojos, y sin pronunciar palabra, como si hubiera podido leerme la mente, o el corazón, aquel hombre me cogió por un hombro y me introdujo de sopetón dentro del recinto. Al final de la nave, sobre el altar mayor, se encontraba expuesto el pañolón que mostraba el cuerpo del Hijo de Dios.

Cuando tomé conciencia de lo que había sucedido, tuve que detenerme para respirar. ¡Solo unos metros más allá me esperaba la Sábana Santa! Mi sueño se había hecho realidad.

Acompasando mi aliento para que los nervios no me traicionasen, caminé despacio, dejando paso a los peregrinos que desfilaban con prisa por mi lado. Cuando por fin llegué al final de la nave, me arrodillé frente al lienzo que se alzaba sobre mí. Expectante, levanté lentamente la cabeza y me atreví a mirar la tela con detenimiento, buscando en su interior la figura de Jesús. Con todo, por más vueltas que le di, por más veces que la recorrí con la mirada, no pude distinguir su silueta por ninguna parte. Las chamuscaduras que un antiguo incendio hizo en su parte central eran evidentes; los restos de lo que parecía ser sangre también, pero el cuerpo del Hijo del Hombre no aparecía por ninguna parte.

He de reconocer que me sabía de memoria la reliquia, por lo que era consciente de que su imagen, en el original, no sería tan clara como en los negativos, ¡pero es que yo no podía distinguir nada en absoluto!

Desesperado, bajé la cabeza y mis lágrimas cayeron al suelo. Allí, arrodillado delante de mi maestro, lloré al darme cuenta de lo que estaba pasando. La dura realidad es que yo no era digno de verlo. Aunque lleno de pena, no quise rendirme y le supliqué a Dios que me abriera los ojos, no por mis méritos, sino por su infinita misericordia. Así, desde alguna parte de mi corazón, una palabra subió a mis labios, y mientras alzaba de nuevo la cabeza, dije en voz alta: «¡Creo!». Luego abrí los ojos y solo entonces pude ver.

Aquellos mismos lugares, que anteriormente me parecieron vacíos, ahora me revelaban sus secretos. Allí, bajo el altar mayor de la Basílica de Turín, fui protagonista de un milagro. Dos mil años después, Cristo volvía a darle la vista a un ciego. ¿Cómo explicar lo que mi corazón sintió cuando alcé la cabeza y pude ver el cuerpo del Hijo de Dios? Realmente no fueron mis ojos los que vieron, sino mi corazón.

Muchos estudiosos, durante años, se han afanado en saber si el lienzo es legítimo utilizando diferentes métodos científicos. Sin embargo, y después de los milagros que he podido vivir junto a él, a mí no me hace falta nada más para saber que en realidad aquel es el trozo de tela que envolvió a Jesús de Nazaret.

«*¡Ánimo!*, hija, tu fe te ha salvado», Mateo 9:20.

La Sábana Santa

«Pedro se levantó y corrió a la tumba, e inclinándose, vio solo los lienzos allí tirados y se volvió a casa admirado por lo ocurrido». Lucas 24:12.

Quizás porque se circunscribe exclusivamente dentro del culto de la Iglesia ortodoxa, el resto de las membresías cristianas han intentado tapar e incluso desprestigiar el milagro del Fuego Sagrado durante más de ocho siglos, lo que quizás nos haya privado a muchos de conocer que, actualmente, en el Santo Sepulcro de Jerusalén, cada Sábado Santo, se viene produciendo un prodigio que quizás tenga mucho que ver con el sudario de Turín.

El día antes de la Pascua de Resurrección, a eso de las dos de la tarde, la Iglesia oriental, con el patriarca griego, copto y armenio a la cabeza, se dirigen al nicho de la ermita de la Anástasis, el lugar que custodia el hipogeo donde se supone que Cristo resucitó. Una vez frente a la capilla, los altos mandatarios de la Iglesia ortodoxa y sus acólitos cantan himnos mientras procesionan tres veces alrededor del pequeño edificio. Cuando termina el desfile, el patriarca de Jerusalén entona una oración de acción de gracias, se desviste hasta quedar tan solo cubierto por una túnica blanca y es examinado a conciencia por la policía israelí para constatar que no lleve consigo ningún encendedor que pueda introducir dentro del oratorio. Una costumbre que se remonta a la época de dominación musulmana, cuando los turcos, pensando que el Milagro de la Luz —como entonces se conocía— no era más que un acto de prestidigitación de los sacerdotes cristianos, sometían al prelado a un minucioso reconocimiento antes de entrar en la pequeña habitación que conserva la roca donde el cuerpo de Jesús fue depositado, intentando encontrar algún utensilio escondido, tanto en su cuerpo como en el templete, que pudiera encender el fuego con el que después salía; y con el que, de un momento a otro, se encendían las lámparas del interior del sepulcro. Sin embargo, tras años de someter al patriarca a duros exámenes, nunca encontraron nada que justificara la aparición del Fuego Sagrado, por lo que no les quedó más remedio que admitir que el Milagro de la Luz era real.

Acabado el examen de las autoridades israelíes, el patriarca accede a solas a la capilla y se arrodilla frete a la losa mortuoria, mientras el resto de la comitiva espera en la antecámara cantando *Kyrie eleison —Señor, ten piedad—*. Justo en ese momento, los fieles y el clero apagan todas las velas y luces del lugar más sagrado de la cristiandad y la iglesia se queda totalmente a oscuras. Poco a poco, las voces también van enmudeciendo, y el silencio, unido a la oscuridad, invita al recogimiento propio que puede sentirse en los lugares de poder, unido además a la emoción de cientos de almas que saben que algo sobrenatural está a punto de ocurrir. El ambiente, durante algunos instantes, se carga de una magia que las palabras no pueden describir. Pasados esos minutos, y sin que nadie pueda explicárselo, como viene sucediendo desde hace mil setecientos años, el patriarca sale con treinta y tres velas encendidas por una llama que, durante algunos minutos, no quema.

La tradición se bifurca ahora dando dos explicaciones. Una es que un fuego azul se origina en la misma piedra del nicho, y que llega hasta la mecha de las velas, prendiéndolas de manera milagrosa. Pero otra es que el fuego baja del cielo, prendiendo igualmente los treinta y tres cirios sin mediación humana. En cualquier caso, cuando el patriarca sale con las velas encendidas, el tenso silencio se convierte en gritos de júbilo y alegría.

Ese fuego irá encendiendo a su vez las candelas de todos los devotos que se agolpan desde el día anterior en el patio adyacente, expectantes por presenciar un milagro que reavive su fe, el cual simboliza a su vez un movimiento del alma que va desde la oscuridad a la luz, de la tristeza a la alegría, de la incertidumbre al convencimiento. De esa manera, las únicas lágrimas que salen de los ojos de los que allí se reúnen son de gozo.

Según el evangelio de Mateo, cuando María Magdalena acudió al Santo Sepulcro el Domingo de Resurrección, se encontró con un ángel cuyo aspecto era semejante al de un relámpago. ¿Estaría quizás ese ángel envuelto en este fuego azul que todavía se manifiesta en el mismo lugar que aquel entonces?

Para comprobar además el carácter prodigioso del evento, algunos se atreven a pasarse el fuego por la cara, por la barba e incluso por el pelo. Una llama que, sin embargo, no consentirá en hacerles daño. Con todo y con eso, podemos constatar que el Fuego Sagrado no aparece solamente dentro del Santo Sepulcro. Centenares de personas aseguran que, en el mismo momento que la Luz Sagrada prende las velas del patriarca, también sus cirios se encendieron milagrosamente, lo que aporta incluso más credibilidad a esta maravilla que incluso ha podido ser filmada en numerosas ocasiones.

Celoso de no ser el papa quien protagonizase el milagro en una época donde las disputas de poder entre la Iglesia oriental y occidental tocaban su cenit, Gregorio IX declaró que el Fuego Sagrado no era más que un fraude. Desde entonces, y aunque es mencionado por alguno de los primeros Padres de la Iglesia, el catolicismo no le ha prestado la más mínima atención, a pesar de que podría ser la prueba definitiva de que, al igual que hoy en día, algo prodigioso sucedió en este lugar veinte siglos atrás, cuando el cuerpo de Jesús fue depositado aquí, ya que, como asegura el apóstol Juan en su evangelio: «Jesús es la luz del mundo».

Resulta curioso además constatar que los turcos otomanos no tuvieran más remedio que rendirse al Milagro de la Luz, pero el papado, que se presupone cristiano, todavía siga volviéndole la espalda.

Para poder dar una explicación coherente al fenómeno, un equipo de científicos rusos, capitaneados por el catedrático Pável Florenski, realizaron algunas comprobaciones en la capilla de la resurrección, obteniendo como resultado que durante los cinco minutos en los que el patriarca estaba dentro, se detectaron tres variaciones de onda semejantes a las que produciría una descarga eléctrica, cuya procedencia comenzaba en el corazón mismo del templete. Una energía a la cual no encontraron explicación; la misma energía que pudo haber dejado impresa la imagen de Jesús en la Sábana Santa.

Síndone es una palabra griega que quiere decir «trozo de tela». En la capital de la región del Piamonte se conserva, desde el año 1578, una sábana de lino que mide 4.37 metros de largo por 1.11 metros de alto, conocida por este nombre. Anteriormente había descansado en Chamberí, antigua capital del ducado de Saboya. Más tarde, de 1694 a 1993, estuvo custodiada en la magnífica capilla que construyó Guarino Guarini en la catedral turinesa, a la vuelta del Palacio Real. Finalmente, en 1983, el rey Humberto II la cedió a la Santa Sede. En el tejido, amarilleado por el paso del tiempo, se puede ver la imagen frontal y dorsal de un hombre fallecido después de haber sido torturado y crucificado, tal como narran los evangelios.

En el 1898, la noche del 28 de mayo, Secondo Pía, abogado y aficionado a la fotografía, realizaría la primera reproducción del polémico lienzo. Al parecer, la idea de fotografiarlo nació de un sacerdote salesiano llamado Noguier de Malijay, profesor de Física en el Liceo de Valsalice y devoto de mencionado objeto, quien elevó su propuesta directamente al rey Humberto I aprovechando la ostensión de la Síndone que se realizaría para celebrar la boda del futuro rey Víctor Manuel III.

Superando las suspicacias de la corte, gracias a la intercesión del barón de Manno, el rey escogió a Secondo Pía como el mejor candidato para llevar a cabo dicha misión. Después de un intento fallido, Pía volvió a probar suerte, no sin antes pasar por una serie de calamidades expuestas en su libro *Memoria sulla riproduzione della Santissima Sindone.*

Finalmente, decidió realizar dos exposiciones del lienzo delante de su cámara fotográfica para ver si la imagen quedaba grabada en las placas. Pero su sorpresa fue mayúscula cuando, al revelar los negativos, salieron a la luz detalles de la Sábana Santa que no podían apreciarse a simple vista. Parecía que el lienzo había captado la imagen de Jesús momentos antes de su resurrección, mientras estaba dentro del sepulcro, y que de alguna manera la tela adquirió las propiedades de una placa fotográfica que, al revelarse, mostraba con sorprendentes detalles las heridas de la pasión de alguien que había sido crucificado, flagelado, coronado con un casco de espinas y muerto en un madero tras sufrir terribles padecimientos.

La primera constancia que tenemos de la Sábana Santa es a raíz de las posibles cartas que cruzó Jesús de Nazaret con el rey Abgaro de Edessa, antigua ciudad siria que hoy se llama Sanliurfa y se localiza en Turquía.

Edessa era una floreciente ciudad antes del nacimiento de Jesús. En el siglo VIII a. C. fue conquistada por los asirios y se llamó Ruhu. Tiempo después caería en manos de los seléucidas, descendientes de Alejandro Magno, y pasó a llamarse Edessa. En el año 137 a. C. se fundó aquí el reino edesénico llevando sus reyes usualmente el nombre de Abgar. Así, el rey Abgaro, en realidad, sería Abgar V Ukkama, el Negro, que gobernó del 9 al 46 d. C.

Según Eusebio de Cesarea, este rey habría establecido alguna clase de relación amistosa con Jesús de Nazaret a través de una serie de cartas que fueron rescatadas de los archivos de Edessa, aunque los estudiosos no reconocen su legitimidad.

> Abgar Ukkama ofrece a Jesús, el buen doctor salido de la tierra de Jerusalén, su saludo. He oído que curas sin utilizar ningún tipo de medicamentos. Según dicen, haces ver a los ciegos y caminar a los impedidos, limpias a los leprosos y expulsas malos espíritus y demonios, sanas enfermedades incurables y das la vida a los muertos. Como he oído eso de ti, pienso que, o eres Dios que has bajado del cielo, o eres el Hijo de Dios. Por eso te escribo y te suplico que vengas a mí y me cures del mal que sufro. También he oído que los judíos te persiguen y están contra ti para dañarte. Yo poseo una ciudad pequeña, pero sencilla, en la cual estaremos cómodos los dos.

Jesús, supuestamente, le respondió de esta forma:

> Bienaventurado seas tú que has creído en mí sin haberme visto. Pues está escrito que aquellos que me han visto no creerán. En cambio, los que no me han visto, creerán, vivirán y serán bienaventurados. En lo que se refiere a tu petición de ir junto a ti, es preciso que yo cumpla aquí todas las

cosas para las cuales he sido enviado, y después de haberlas cumplido, volver a Aquel que me envió. Si yo soy apresado aquí, te enviaré a uno de mis discípulos para que te alivie de tu mal y te transmita vida a ti y a los tuyos.

Cuando Adai, uno de los setenta y dos escogidos por Jesús para predicar el evangelio, llegó a Edessa con la Síndone y le contó al rey lo que Pilatos y el sanedrín habían hecho, Abgaro se echó a llorar desconsoladamente. Después, abrazando la Sábana con devoción, quedó inmediatamente libre de su enfermedad. Posteriormente, ordenó a uno de sus sirvientes que pintara un retrato similar al lienzo, solicitando además con grandes súplicas poder guardar la reliquia para protegerla incluso con su vida.

No se tiene verdadera constancia del paño hasta el año 525 d. C., donde, cuenta la tradición, fue encontrado en un hueco de las murallas de Edessa, lugar en el que quizás fue ocultado tras la apostasía del nieto de Abgar V, el cual devolvió su reino al paganismo.

La reliquia sería doblada entonces en cuatro partes, de tal manera que solo podía verse el rostro de un hombre barbado. A partir de este hecho, la Sábana Santa sería conocida con el nombre de Mandylion, lo que posteriormente dio pie a la popular leyenda extrabíblica de la Verónica. Mujer que, en la Vía Dolorosa, tras una de las caídas de Jesús, secó el sudor de su cara, quedando el rostro del Nazareno impreso en el pañuelo. Verónica, en latín, significa «verdadero icono»; nombre con el que se relacionará a la Síndone a partir de entonces.

Otra versión asegura que la Sábana permaneció en Jerusalén hasta el año 438, donde, por orden de la emperatriz Eudoxia, fue a parar junto con otras reliquias a Bizancio. Pero esta tradición quizás se refiera al Sudario de Oviedo.

Posteriormente, científicos norteamericanos e italianos, entre ellos el doctor Eric Jumper, de la Academia de las Fuerzas Aéreas de Colorado Springs, formaron lo que se llamaría STURP (Shroud of Turín Research Project), sometiendo la tela también a minuciosas investigaciones como la del VP-8, un analizador de imágenes que se utilizó con las fotografías recibidas de Marte, el cual reveló que el icono del lienzo era tridimensional; una tecnología que, cabe destacar, no poseería ningún artista del siglo I ni incluso de la Edad Media.

A finales del siglo XX, numerosos escépticos realizaron diferentes experimentos para conseguir una imagen parecida a la de la Sábana Santa, pero los resultados, aunque similares, no se acercaban ni de lejos a la perfección que muestra la imagen de la Síndone… y eso que estamos en el siglo XXI.

El año 1988, el análisis del carbono 14 les daría una alegría a sus detractores, datándola entre el 1260 y 1390 d. C. a pesar de que una ilustración de la Síndone aparezca en el *Códice Pray* que se custodia en la biblioteca nacional de Budapest, y que fue redactado entre los años 1190 y 1215 bajo el auspicio del rey Bela III de Hungría —educado en Constantinopla, por lo que habría estado muy familiarizado con la reliquia—. Y otra en el monasterio de Santa Catalina, en la península del Sinaí, donde puede verse claramente un icono, datado antes del siglo X, que muestra al rey Abgaro exhibiendo la Sábana Santa.

La sola visión de los lienzos —la sábana que lo envolvió enrollada en el suelo y el sudario que le tapaba la cabeza tirado aparte— hizo que tanto san Pedro como el hijo menor del Zebedeo creyeran inmediatamente en la resurrección de Jesús, lo que nos invita a preguntarnos cómo estaban, o qué observaron los discípulos en aquellas dos piezas de tela para que, nada más verlas, no dudaran al asegurar que su maestro ciertamente había resucitado.

Siendo prácticos, el sepulcro vacío no era una prueba definitiva de la resurrección. Alguien podría haber robado el cuerpo de Jesús y haberlo escondido en otro lado. Como sabemos, los sanedrines estuvieron dispuestos a eso y a mucho más. Pero recordemos que el hombre que refleja la Sábana Santa no está pintado. Una chamuscadura muy liviana en la parte exterior de los hilos del lienzo sugiere que la tela tuvo que entrar en contacto con algo que irradió tal energía, que fue capaz de quemarla solo de manera superficial.

Ese algo iridiscente tenía las mismas características que el cuerpo de Jesús. A saber: presentaba heridas de flagelación por todo el cuerpo, no solo en la espalda, como se suponía en la Edad Media. —Sabemos que la flagelación romana, contrariamente a la hebrea, comprendía también el torso de los condenados. Flavio Josefo, historiador del siglo I, cuenta que, durante la flagelación, los látigos solían dejar al descubierto los huesos y los intestinos de las víctimas—. El hombre de la Sábana Santa muestra heridas en la cabeza y nuca producidas por un casco de espinas, no por una corona de laurel, como las que solían llevar los atletas griegos al ganar alguna competición olímpica. Su rostro está magullado por los numerosos bofetones y golpes recibidos antes y después del juicio. Su espalda aparece contusionada por tener que soportar un gran peso, posiblemente la carga de la cruz hasta el Gólgota, el cual se encontraba a un kilómetro de distancia como mínimo de la Fortaleza Antonia, donde suponemos que fue juzgado. Contra la creencia popular, la imagen de la Sábana Santa muestra las heridas de los clavos en las muñecas, no en las manos. Si le hubieran clavado las manos, el peso del cuerpo habría cedido y el reo se habría caído de la cruz. Clavándolos en el espacio de Destot, en medio de la muñeca, los huesecillos de alrededor soportaban el peso del cuerpo sin problemas, añadiendo además más sufrimientos al penado; algo que comenzó a divulgarse en el siglo XX después de que varias universidades estadounidenses se preguntaran cómo pudo haber sido la crucifixión en el siglo I.

Contrariamente a la costumbre romana, el hombre de la Sábana Santa no exhibe los huesos de las piernas rotos, lo que evidencia que murió en la cruz antes de ser bajado. También podemos apreciar la lanzada en el costado derecho, así como diversas sustancias presentes en la tela, entre las que se encuentran sangre, suero, mirra y aloe, lo que demuestra que sus familiares no pudieron lavar el cadáver, tal vez debido a la inminente puesta del sol y llegada del Sabbat; algo que concuerda perfectamente con el relato evangélico.

Que todas estas directrices hubiesen sido urdidas y perpetradas por un supuesto estafador de la Edad Media, sería un nuevo milagro a tener en cuenta, tal vez mayor que el de expulsar demonios o el de devolverle la vista a los ciegos que hacía Jesús. Pero que además podamos explicar que las chamuscaduras de la Síndone pudieron originarse por un fenómeno que todavía hoy se viene reproduciendo, y que puede ser presenciado y estudiado, es algo que, sin duda alguna, debería impelernos a pensar que los dos fenómenos necesariamente pueden estar unidos, y que algo prodigioso pasó una mañana de domingo el mes de Nisán del año 33 d. C. en la capital de Judea.

El primer día de la semana, María Magdalena fue de mañana, siendo aún oscuro, al sepulcro; y vio quitada la piedra del sepulcro. Entonces corrió y fue a Simón Pedro y al otro discípulo, aquel al que amaba Jesús, y les dijo: «Se han llevado del sepulcro al Señor, y no sabemos dónde lo han puesto». Y salieron Pedro y el otro discípulo, y fueron al sepulcro. Corrían los dos juntos; pero el otro discípulo corrió más aprisa que Pedro, y llegó primero al sepulcro. Y, bajándose a mirar, vio los lienzos puestos allí, pero no entró. Luego llegó Simón Pedro tras él y entró en el sepulcro, y vio los lienzos puestos allí, y el sudario que había estado sobre la cabeza de Jesús, no puesto con los lienzos, sino enrollado en un lugar aparte. Entonces entró también el otro discípulo, que había venido primero al sepulcro, y vio, y creyó.

Juan 20.

Ángeles a tu diestra

«Si Dios te conduce hasta la orilla del mar Rojo, no es para dejar que te ahogues en él». Aforismo cristiano.

Una tarde como otra cualquiera, mientras jugábamos a formar alguno de los puzles que teníamos en casa, mi hijo —que entonces tendría apenas quince meses—, de repente, se volvió hacia su costado derecho y empezó a balbucear palabras ininteligibles, como si intentara comenzar una conversación con alguien que se escondía en el espacio que separaba su trona del mueble del salón.

Y la nada debió contestarle, puesto que el pequeño, con su lengua de trapo, parecía rebatir vehementemente los argumentos de quienquiera que estuviera viendo, mientras yo contemplaba la escena sin saber qué pensar. Nunca antes había sucedido nada parecido. Si bien es cierto que, en ocasiones, desde que Francisco David nació, el sutil perfume de mi abuelita —fallecida hacía algunos años— aparecía y desaparecía como por arte de magia en algún punto determinado de la casa, era la primera vez que mi hijo ignoraba del todo mi presencia para conceder su plena atención a alguien que únicamente él era capaz de distinguir.

Estando en estas, mi mujer entró en el cuarto y, sonriendo, le preguntó a nuestro hijo:

—¿Qué le estás contando a tu padre?

Yo la miré a los ojos, meneé la cabeza y le dije:

—A mí no. El peque no está hablando conmigo.

Ella me traspasó con la mirada, de manera que la invité a

sentarse a mi lado y le pedí que observara a Francisco David en silencio. Minutos después, cuando su madre ya no resultaba una novedad, nuestro pequeño se volvió de nuevo a su derecha y siguió la conversación con su amigo invisible donde antes la había dejado.

—¿Con quién hablas? —Me atreví a interrumpirle en un par de ocasiones. El peque, devolviéndome su atención por unos segundos, señaló con el dedito a su contertulio. Alguien a todas luces real para él, pero que ni mis ojos ni los de mi mujer pudieron distinguir. Pasados unos minutos, Francisco David giró su cara hacia la ventana, se despidió con la mano de quien fuera que había venido a visitarlo y volvió a armar los puzles conmigo como si nada hubiera pasado.

No puedo negar que aquello me dejó impactado, de manera que descolgué el teléfono y consulté a una buena amiga, psicóloga de profesión, quien me aseguró que a estas edades, los niños, sobre todo si son hijos únicos, suelen jugar con amigos imaginarios como una fase más en su desarrollo normal del crecimiento. Uno de cada tres infantes suelen inventar a un amiguito inmaterial para que los acompañe en sus aventuras, tanto en el reino de Morfeo como en el mundo real.

Con todo, no me pareció que aquella disquisición explicara lo que mi mujer y yo habíamos presenciado. Aunque no creo en fantasmas, sí creo en mi hijo y en lo que yo mismo pude presenciar. Esa misma noche, dándole vueltas al asunto mientras intentaba conciliar el sueño, vinieron a mi memoria escenas de mi niñez. Casi sin darme cuenta, recordé que yo también había tenido un *amigo imaginario* más o menos cuando tenía dos o tres años. De hecho, todavía podía rememorar algunas de las conversaciones y juegos que compartimos. Incluso me sorprendí a mí mismo llamándolo de nuevo en voz baja cuarenta y tantos años después. O más bien diciendo su apodo, puesto que no recuerdo que nunca me dijera su nombre real, por lo que me vi obligado a bautizarlo de alguna manera.

Pero tal vez lo más sorprendente es que, durante mi adolescencia, mis amigos me pusieron a mí el mismo alias que yo le había puesto a aquel ser supuestamente fruto de mi ilusión infantil.

El tiempo de los sueños pasó, llegó la madurez y el pensamiento mágico dejó su lugar a los trajines del mundo, por lo que supongo que mi compañero en el reino de Fantasía se fue diluyendo en la nada de la que había salido, puesto que ya no lo necesitaba.

Navegando a través de estas reflexiones, por fin pude cerrar los ojos y descansar, pensando que mi viejo amigo ahora estaría haciendo buenas migas con mi hijo y que cuidaría de él como antaño cuidó de mí.

Al día siguiente, como cada mañana después de desayunar, cogí a mi hijo en brazos, bajamos a la calle y nos dirigimos a un cercano parque infantil para jugar con la pelota entre los columpios y el tobogán. Si queríamos llegar al recinto de juegos teníamos que subir unos doscientos metros hasta alcanzar la avenida principal, luego cruzar la calle y torcer a la derecha. Cuando habíamos recorrido la mitad del camino, nos cruzamos con un hombre mayor, vestido de manera muy humilde, con aparentemente algún problema en los ojos, el cual estaba siendo acompañado de dos pequeños cachorros. El anciano, con una sonrisa en su rostro, se detuvo y me preguntó cómo podía llegar a cierta calle.

Ya que el lugar se encontraba justo al lado, no me paré y tan solo le indiqué amablemente que siguiera recto. Sin embargo, él volvió a insistir, así que finalmente me di la vuelta, me acerqué a él y le indiqué con más precisión dónde se encontraba el lugar que estaba buscando. Durante nuestra conversación, tuve la sensación de que el hombre, lo que realmente quería, era hablar con nosotros un rato. Luego, tras un par de minutos, nos despedimos y cada uno siguió su camino hasta que un terrible estruendo se escuchó calle arriba.

Instintivamente abracé a mi hijo contra mi pecho para protegerlo y me pegué a la pared. En la esquina que daba acceso a la avenida, una furgoneta había tomado la curva muy cerrada y muy deprisa, subiéndose a la acera y llevándose no solo parte de la pared, sino también todo lo que encontró por el camino. Sin ni siquiera frenar para ver qué había sucedido, el conductor aceleró aún más su vehículo, perdiéndose a toda prisa entre el tráfico como alma que lleva el diablo.

Cuando pasó al lado nuestro, me separé de la pared y comprendí lo que había sucedido. Luego miré hacia atrás, hacia donde se supone debería haber estado el anciano, pero ya no había nadie. Gracias a él, debido a su insistencia para que nos detuviéramos y le indicara una dirección, mi hijo y yo evitamos ser embestidos por un desalmado.

Esos dos minutos que gastamos con aquel hombre fueron suficientes para salvarnos la vida. Todavía temblando, intenté de nuevo encontrar al anciano. Quizás se había metido en algún comercio o refugiado en alguno de los soportales, pero lo cierto es que ya no había rastro de él ni de sus cachorros. ¡Era imposible que hubiera desaparecido! Luego nos acercamos a la esquina y pude ver lo que la furgoneta había hecho. Si tan solo hubiéramos recorrido cien metros más, posiblemente ahora no estaría escribiendo estas palabras.

Cuando llegamos al parque infantil, mientras mecía a Francisco David en el columpio, elevé los ojos al cielo y le di las gracias a Dios. A veces mi Señor envía a sus ángeles para evitar que el demonio se salga con la suya. Un ángel que, contra todo pronóstico, no tenía alas ni plumas y además parecía perdido.

No me avergüenza confesar que crecí escuchando increíbles relatos que afirman que cada persona tiene un ángel de la guarda, asignado por Dios, el cual nos acompañará siempre, durante todos los días de nuestra vida, velando por nosotros y susurrando en nuestros oídos los consejos necesarios para que llevemos una vida sana, honrada, próspera y feliz.

En el Concilio de Trento (1545-1563) los magistrados de la Iglesia católica declararon que cada ser humano posee su propio ángel custodio, el cual no tiene otra misión más que velar por nuestro bienestar, incluso más allá de las fronteras de esta vida.

Hay quien opina que cuando una pareja decide tener un hijo, en ese mismo instante, un ángel les es asignado para ayudarlos a cumplir su sueño y velar por el pequeño, incluso dentro del vientre de su madre. Los niños, que todavía no han sido cegados por los velos del mundo material, son capaces de interactuar tanto con las almas desencarnadas como con los ángeles, considerándolos como miembros más de su propia familia. Y es que, pensándolo bien, ¿por qué no tendrían que hacerlo si los están viendo a su lado en todo momento e incluso juegan con ellos cada día?

A pesar de que conocemos algunos de los nombres de los querubines más importantes, desafortunadamente el de nuestro ángel de la guarda nos es desconocido, por lo que muchas personas, como hice yo, deciden bautizarlo con cualquier calificativo para poder invocarlo en los momentos de necesidad. Con todo, hay que aclarar que nuestro ángel no es en modo alguno una figura bucólica parecida a Cupido, el cual se pasa todo el tiempo tocando la chirimía y el salterio mientras salta de nube en nube sostenido por dos pequeñas alitas. ¡Nada más lejos de la realidad! Nuestro ángel es un soldado de Dios capaz de adoptar cualquier forma para sostenernos en sus brazos cuando nuestras piernas fallan a causa del cansancio, del sufrimiento o de la depresión.

También debemos aclarar que los habitantes del cielo no pueden decidir por nosotros. No pueden romper las reglas del libre albedrío, pero sí pueden —y de hecho lo hacen— sugerirnos el mejor camino a seguir en cada momento o intentar detenernos cuando un peligro nos acecha. Si decidimos o no detenernos para atender a sus demandas, es cosa nuestra.

Muchas personas, al ver a sus hijos señalar un lugar donde supuestamente no hay nadie, suponen que solo son cosas de críos. O, como me dijo mi amiga, que tienen los amigos imaginarios propios de esa fase de su desarrollo. Sin embargo, la psicología no puede explicar que los adultos, aunque no seamos capaces de ver a los compinches de nuestros hijos, sí podamos sentir su presencia, oler su perfume y ser reconfortados por el sonido de sus voces, que resuenan en nuestro espíritu como un soplo de aire fresco que nos reconforta y nos llena de paz.

Solo si decidimos detener nuestro trajín para atender las necesidades de un pobre anciano, veremos que ese anciano es en realidad uno de los disfraces que Dios utiliza para comunicarse con nosotros.

Contrariamente al cristianismo, que posee incluso oraciones para convocar a los ángeles de la guarda, el judaísmo y el islam sostienen que es Allah o Yahvé quien se encarga personalmente de velar por nosotros, para lo cual lo único que tenemos que hacer es recitar determinadas letanías cuya fuerza activará la protección de nuestros compañeros alados sin dirigirnos a ellos directamente.

Bendecir a los hijos cada viernes por la noche, antes del *Sabbat,* es una bella costumbre propia de la religión mosaica.

Rememorando la escena donde el patriarca Jacob, antes de morir, llamó a sus doce descendientes y los bendijo, el pueblo hebreo tiene por costumbre que uno o ambos progenitores llamen a sus retoños, pongan una mano sobre sus cabezas y reciten la plegaria correspondiente. Para los varones, la oración comienza diciendo: «Que Dios te haga como Efraim y Menashe». Para las niñas, en cambio, se empieza declarando: «Que Dios te haga como Sara, Rebeca, Raquel y Lea».

En el islam, las plegarias también se dirigen exclusivamente a Dios. Tan importante es este pilar del credo mahometano que el primer capítulo del Corán, más concretamente su primer versículo, advierte al creyente que todas las alabanzas se eleven únicamente a Allah. Cualquier petición que se haga de otra manera, no será atendida. La idolatría, de hecho, según la creencia árabe, es la manera más rápida de hacer huir a los ángeles de nuestro lado.

Cuando alguien le reza a un ángel, este sube inmediatamente al trono de Allah, se postra ante él y le dice:

—Yo no he incitado a tu criatura a que me rece a mí en lugar de a ti. Soy inocente de esa falta y me refugio en ti de todo mal.

Ya que el diablo, que era un ser de luz, quiso hacerse igual a Dios, y todavía pretende adueñarse de las oraciones de los seres humanos, tiene sentido que los ángeles teman que se les confunda con los aliados de Lucifer y busquen refugio en Dios frente a la idolatría de los hombres.

Como curiosidad, a día de hoy, Francisco David todavía sigue recibiendo la visita de su amiguito invisible. Ese que tal vez aquella mañana se hizo corpóreo y nos salvó la vida.

Los rostros de Cristo en el Antiguo Testamento

«Otras muchas cosas hizo Jesús, las cuales, si se escribieran una por una, pienso que aun ni en el mundo cabrían los libros que se habrían de escribir». Evangelio de Juan 21:25.

A pesar de que posiblemente Juan el Bautista fue uno de los referentes más destacados en la vida del Nazareno, su figura suele quedar como una nota a pie de página en los evangelios canónicos... y no es para menos. Si alguien quisiera profundizar en su historia, se daría cuenta de que el testimonio del hijo de Isabel y Zacarías podría poner patas arriba los cimientos de la fe cristiana tal como la conocemos hoy en día. O mejor dicho, el dogma de que el alma de los finados, después de la muerte, tiene únicamente tres destinos: subir al cielo, descender al infierno o aguardar a ser redimida en el purgatorio.

Juan fue un profeta con sangre levita que, sin embargo, prefirió predicar en el desierto antes que vestir el peto sacerdotal. Roma había corrompido el templo jerosolimitano hasta los tuétanos. Los emperadores conocían el poder que la religión tenía entre la plebe y, aparte de imponer en el trono a la dinastía herodiana en detrimento de la macabea, procuraron meterse en el bolsillo a los jefes de los sacerdotes. Juan, perteneciente a la casta de los saduceos, prefirió apartarse de toda corrupción y dedicarse a buscar a Dios en la soledad de las dunas, donde escuchar la voz de Yahvé resultaba bastante más sencillo que hacerlo entre sanedrines comprados por el pagano invasor.

Mateo, en su evangelio, lo presenta de esta manera:

> En aquellos días vino Juan el Bautista predicando en el desierto de Judea, diciendo:
> —Arrepentíos porque el Reino de los Cielos se ha acercado.
> […] Juan vestía con piel de camello y tenía un cinto alrededor de sus lomos. Su comida era langostas y miel silvestre.

Empero, esta forma de entender la vida y de establecer una relación íntima con Yahvé no es nueva. Novecientos años antes que Juan, el profeta Elías ya lucía los mismos hábitos y tenía el mismo semblante que el primo de Jesús. El segundo libro de Reyes lo describe recorriendo los desiertos de Judea ciñendo una correa de cuero alrededor de sus lomos y siendo alimentado por los cuervos.

Sabemos que el Bautista acabó con sus huesos en la cárcel por enfrentarse al tetrarca Herodes Antipas, a quien acusó valientemente de trasgredir la ley de Dios cuando tomó por esposa a Herodías, la mujer de su hermano Filipo. Curiosamente, Elías, en el siglo IX a. C., hizo exactamente lo mismo al oponerse al rey Acab, quien había tomado como esposa a una doncella cananea llamada Jezabel, instaurando en el reino el culto al dios Baal y a la diosa Aserá en detrimento de Yahvé.

No contento con enfrentarse al monarca y a su cónyuge, Elías convocó a los sacerdotes extranjeros para que hicieran dos altares: uno dedicado a Yahvé y otro a Baal. El reto consistía en que el Dios verdadero debía responder a las plegarias de sus siervos consumiendo con su propia mano el holocausto de un ternero que cada quien habría inmolado previamente y puesto sobre un altar de maderos secos.

Mientras los sacerdotes de Baal clamaban para que descendiera fuego del cielo, Elías no paraba de reír a carcajadas, animándolos incluso a gritar más alto ya que parecía que su dios estaba mal del oído. Por el contrario, cuando llegó su turno, Elías levantó las manos e inmediatamente una columna de fuego descendió del firmamento, consumiendo el ternero hasta convertirlo en cenizas a pesar de que el altar había sido rociado previamente con abundante agua. Acto seguido, el profeta hizo prender a los cuatrocientos cincuenta sacerdotes de Baal para acabar cortándoles la cabeza allí mismo.

Pero el karma no perdona, y aunque Elías fue un enviado de Dios, había transgredido uno de los mandamientos más sagrados de Yahvé. Ese que advierte: «No matarás». Por lo que en su encarnación como Juan el Bautista no le quedó más remedio que pagar la deuda que había contraído en su vida anterior, siendo él mismo encerrado en la fortaleza de Maqueronte y decapitado a instancias de Antipas.

Lo que acabamos de relatar podría considerarse como un cuentecillo que pretende enseñarnos que el alma de los seres humanos no desaparece con la muerte corporal, sino que tiene su continuidad habitando otra forma física, y que la justicia divina —también llamada karma— es como una maleta que viajará con nosotros hasta que consigamos vaciarla de todo acto perjudicial que hayamos perpetrado contra otros seres vivos. Aunque lo verdaderamente llamativo es que esta historia no se encuentre en un *sutra* budista o en alguno de los textos sagrados del hinduismo, como sería de esperar, sino en la mismísima Biblia.

Con todo, si todavía quedara alguna duda de que el pueblo elegido tuvo alguna vez como parte de su doctrina la creencia en la reencarnación, será el mismísimo Jesús quien nos saque de dudas al afirmar que: «De entre todos los nacidos de mujer, no hay ninguno superior a Juan el Bautista, pero el más pequeño en el Reino de los Cielos es mayor que él. [...] Y si lo queréis aceptar, él es Elías, el que había de venir», Mateo 11:11-14.

Si bien sabemos que los grupos gnósticos que pulularon por el norte de Israel en el siglo I creyeron firmemente en la migración del alma por diversos cuerpos hasta alcanzar la plenitud en Dios, al igual que hemos hecho con el Bautista, quizás también podamos encontrar vestigios de la auténtica identidad del Hijo del Dios en el Antiguo Testamento si es que, tal como afirman las Escrituras, antes incluso de que el tiempo fuese, Jesús ya era. Una identidad que estaría oculta a la vista de todo el mundo para que solo unos pocos sean capaces de desvelar este arcano secreto.

De hecho, tal vez el personaje más extraño de los relatos veterotestamentarios sea el ángel de Yahvé. A pesar de que se nos ha hecho creer insistentemente que los descendientes de Jacob fueron la primera nación en desarrollar un monoteísmo puro y sin fisuras, lo cierto es que desde tiempos de Abraham podemos apreciar más bien un binitarismo en el incipiente credo hebreo. Es decir, dos personas o aspectos de una sola divinidad que se revela cuando hace su aparición el anteriormente mencionado ángel del Señor, que no es otro que el mismísimo Dios cubierto detrás de un velo para que lo finito pueda contemplar la infinitud y la criatura a su creador.

Como iremos viendo, no es casualidad que la primera vez que este ángel se manifieste sea justamente en los capítulos iniciales de la Torah, así que podemos suponer que el ángel de Yahvé era coexistente con Dios desde el umbral de la creación. Algo que el apóstol Juan se encargará de aclarar en los primeros versículos de su evangelio: «En el principio existía el Verbo, y el Verbo estaba con Dios, y el Verbo era Dios».

El capítulo dieciséis del Génesis narra que la esposa de Abraham, llamada Saray, no le pudo dar hijos en los años que llevaban de matrimonio, por lo que le pidió a su marido que yaciera con Agar, la esclava egipcia, de manera que ella pudiera experimentar lo que es ser madre aunque fuese a través de *un vientre de alquiler*. Comoquiera que Abraham aceptara la propuesta, Agar pronto quedaría encinta, lo que propició que comenzase a mirar con desprecio a su señora. Poco a poco la rivalidad entre las dos mujeres fue volviéndose insostenible, de manera que Agar decidió huir al desierto y allí, junto a un manantial de agua en las regiones del sur, se encontró con el ángel del Señor, quien le preguntó de dónde venía y adónde iba. Como podemos suponer, ni el encuentro fue fruto de la casualidad, ni las preguntas del ángel se hicieron al azar, puesto que él parecía conocer las respuestas de antemano.

Agar le confesó que había sido injusta con Saray, en consecuencia, el ángel la conminó a regresar junto a Abraham y a hacer las paces con Saray. Luego le anunció que su hijo sería el padre de una gran nación y que su nombre sería Ismael. Al despedirse, Agar bautizó al ángel con el nombre de El Roi —el que me ve—, pues se dijo a sí misma: «Ahora he visto al que me ve».

Este capítulo marida a la perfección con el pasaje del Nuevo Testamento donde Jesús se encuentra *casualmente* en un pozo con una mujer samaritana. El Nazareno comenzará a preguntarle a la joven cosas de su vida que sin embargo él ya sabía. Y no será hasta que ella se sincere y le muestre su alma, que Jesús le dará el mensaje que necesitaba escuchar. De alguna manera, Jesús era capaz de ver lo que había en el interior de la mujer samaritana, al igual que el ángel de Yahvé pudo ver lo que había en el corazón de Agar.

La segunda aparición del ángel del Señor será para juzgar a las ciudades de Sodoma y Gomorra. Abraham, que se encontraba sentado en la puerta de su tienda, vio en la lejanía acercarse a tres varones, reconociendo inmediatamente al ángel de Yahvé entre ellos. Emocionado, el profeta salió a recibirlos y los invitó a almorzar pan, leche, mantequilla y carne de ternera. Luego de compartir los alimentos y una interesante charla, el ángel le comunicó que pronto se convertiría en padre a pesar de su ancianidad, amonestando por otro lado a Saray por no creer en su palabra.

Durante los capítulos diecinueve y veintidós descubrimos una relación de auténtica amistad entre el ángel de Yahvé y el profeta nacido en Ur de Caldea. Tanto es así que, en su tercera aparición, la criatura celeste tendrá que llamar la atención de Abraham para que no sacrificase a su hijo Isaac, entregándole a cambio un carnero que sería puesto en el lugar del niño en el altar.

Curiosamente, la vez que Jesús se dirigió a los judíos y les pidió que creyesen en sus palabras para ser libres, ellos le contestaron que ya eran libres puesto que eran hijos de Abraham, y nunca, excepto durante el periodo que pasaron en Egipto, habían sido esclavizados. Será entonces cuando Jesús comience a hablar de Abraham como si lo conociera personalmente, como si fuesen amigos íntimos a pesar de los cerca de dos mil años que los separaban, exponiendo cosas de su vida que extrañarán incluso a sus propios discípulos, por lo que algunos le preguntarán admirados:

—¿No llegas a los cincuenta años y dices que has visto a Abraham?

A lo que Jesús contestó:

—En verdad os digo que antes de que Abraham naciera, ¡yo soy!

En repetidas ocasiones el ángel de Yahvé se presentó con las mismas palabras que Jesús dijo a los judíos: «¡Yo soy!». De hecho, la primera vez que escuchemos esta conjugación del verbo ser usada como nombre de Dios —lo que después pasará a llamarse el Tetragrámaton— será en la cima del monte Sinaí.

Según el libro del Éxodo, el ángel de Yahvé se apareció a Moisés en una llama de fuego en medio de una zarza ardiente. Al preguntarle Moisés por su nombre, el ángel del Señor contestó:

—Yo soy el que soy. Y así dirás a mi pueblo: «Yo soy» me ha enviado a vosotros. —Es decir, que como ya vimos en el primer versículo del evangelio de Juan, el ángel del Señor utilizó como nombre primitivo la conjugación de un verbo.

Algo más adelante Moisés pide ver a Dios cara a cara, no bastándole con estar delante del ángel de Yahvé, de manera que Dios le contestará:

—No puedes ver mi rostro, porque nadie puede verme y vivir.

En el primer capítulo del evangelio de Juan también se menciona que a Dios nadie lo ha visto jamás, pero el unigénito hijo de Yahvé, que está en el seno del Padre, se nos ha dado a conocer, por lo que tal vez debamos deducir que este ángel de Yahvé no es otro que aquel a quien nosotros conocemos por el nombre de Jesús. De hecho, si esta suposición fuese acertada, a quien realmente vieron Agar, Abraham y Moisés fue a Jesús.

La siguiente aparición del Nazareno en su forma angelical se producirá cerca de Jericó, antes de que el arca de la alianza consiguiera derribar los muros de la ciudad. (Más información en mi trabajo: *Eso no estaba en mi libro de historia de los templarios.* Editorial Almuzara).

En el libro de Josué, capítulo cinco, encontramos que:

> Estando Josué cerca de Jericó, alzó los ojos y vio un varón que estaba frente a él, el cual portaba una espada desenvainada en su mano. Josué, yendo hacia él, le preguntó:
>
> —¿Eres de los nuestros o de nuestros enemigos?
>
> Y él respondió:
>
> —¡De ninguno! Mas como el príncipe del ejército de Yahvé he venido ahora.
>
> Josué, postrando su rostro en tierra, lo adoró y le dijo:
>
> —¿Qué ordena mi Señor a su siervo?
>
> Entonces el príncipe de los ejércitos de Yahvé respondió:

—Quita el calzado de tus pies, puesto que el lugar donde estás, es tierra sagrada.

Josué hizo algo impropio con este ángel, se postró ante él, lo adoró y le llamó Señor. Asimismo, el ángel también hizo algo impropio, se dejó adorar.

En la epístola a los Colosenses, Pablo prohibió taxativamente la devoción a los ángeles y arcángeles. Igualmente, en el capítulo diecinueve del Apocalipsis, Juan tratará de postrarse frente a un ángel con la intención de adorarlo, recibiendo esta severa reprimenda por parte del habitante de las regiones celestes: «No hagas eso. Yo soy consiervo tuyo y de tus hermanos que poseen el testimonio de Jesús. Solo a Dios debes adorar».

Como vemos, los ángeles no aceptan la adoración de los seres humanos, empero, el ángel de Yahvé no tuvo reparos en que Josué se postrase delante de él y le llamase Señor. Así las cosas, debemos recordar que solo hay otra persona que, al igual que el ángel de Yahvé, permitió que se postrasen ante él… ¡Jesús de Nazaret!

En el evangelio de Mateo, capítulo segundo, leemos que cuando los magos vieron al niño de Dios, se postraron ante él y lo adoraron. Por su parte, el evangelio de Juan, capítulo nueve, narra cómo Jesús sanó a un hombre ciego y acto seguido este creyó que él era el Hijo de Dios y le adoró.

La siguiente mención del ángel de Yahvé la encontramos en el libro de Jueces, capítulo trece, cuando este se aparece a la mujer de Manoa, que era estéril, para anunciarle que concebiría y daría a luz a un hijo que salvaría a los israelitas de la mano de los filisteos. Su nombre sería Sansón y Dios no se separaría de él mientras no se cortase el cabello, no tomase bebida embriagante alguna y además se abstuviera de comer alimentos impuros.

Manoa pidió en oración a Dios poder entrevistarse con aquel varón para que los instruyera en la mejor manera de educar al pequeño que estaba por nacer, de manera que Yahvé le envió de nuevo a su ángel. Cuando la mujer volvió a verlo frente a ella, llamó enseguida a su esposo. Manoa, no sabiendo que era el ángel del Señor, le preguntó si era él quien le había profetizado a su esposa el nacimiento de su hijo. A lo que el ángel respondió: «¡Yo soy!».

Comoquiera que Manoa deseó saber su verdadero nombre, el ángel le reprochó: «¿Por qué preguntas por mi nombre, que es admirable?». Acto seguido, el ángel subió al cielo ante los ojos de Manoa y de su mujer, quienes se postraron en tierra, llenos de espanto. El hombre, comprendiendo lo que había pasado, le dijo a su esposa: «Ciertamente moriremos, porque hemos visto a Dios cara a cara». Pero la mujer le replicó que si Dios quisiera que muriesen, no les habría enviado un hijo, ni tampoco a alguien para instruirlos en sus cuidados.

Aunque el relato es muy parecido al encuentro del ángel con Josué, aquí descubrimos que la criatura no quiere revelar otro nombre que no sea el ya mencionado, pues dice que es admirable. Curiosamente, Pablo afirma en su carta a los Filipenses que el nombre de Jesús está sobre todo nombre, es decir, que es admirable, para que ante su nombre se doble toda rodilla en los cielos y en la tierra y debajo de la tierra.

Pablo consideró a Jesús muy superior a los ángeles. Dijo de él que descendió de las esferas superiores para mostrar a los hombres la imagen del Dios verdadero, que no sería otra que su verdadero rostro, lo que daría sentido al versículo: «Haré al hombre a mi imagen y semejanza», Génesis 1:26.

En el segundo libro de Reyes encontramos otro claro paralelismo entre la historia de Elías y Eliseo, y la de Juan el Bautista y Jesús. Eliseo fue el discípulo de Elías, al igual que Jesús pudo serlo de Juan el Bautista. El nombre Eliseo/Elishúa significa Dios salva, y el nombre Jesús/Yeshua significa Yahvé salva. Es decir, que son el mismo nombre. En la colina anexa donde hoy suponemos que Elías fue arrebatado al cielo, frente a Jericó, su nueva encarnación se dedicaba a preparar los caminos del Señor y a bautizar a los arrepentidos de la casa de Israel.

Ni Eliseo ni Jesús fueron eremitas solitarios como Juan el Bautista y Elías, sino que se rodearon de un grupo de gente que los seguirán a todas partes. A Eliseo se le reconocen numerosos portentos, como la multiplicación de veinte panes y la resurrección del hijo de una mujer cananea. Entre otros prodigios, sabemos que también curó de lepra a Naamán, general del ejército sirio, limpió los manantiales de Betel, hizo brotar agua para dar de beber a los ejércitos de Israel y, al contacto con sus reliquias, un hombre resucitó de entre los muertos.

Como resulta evidente, tanto Elías como Eliseo parecen ser claros precursores de Juan el Bautista y de Jesús, heredando ambos en cierta forma el carácter de sus más que posibles anteriores encarnaciones. Si Eliseo resucitó a un niño, Jesús devolverá la vida a la hija de Jairo, al hijo de la viuda de la ciudad de Naín y al propio Lázaro.

Si Eliseo sanó a Naamán, Jesús curará a un leproso al bajar del Monte de las Bienaventuranzas, así como al siervo del centurión. Si Eliseo dio de beber a una gran multitud, Jesús declarará: «Quien tenga sed, que venga a mí y beba».

Jesús mismo confirmó el hecho de que él está en el Antiguo Testamento. En Juan 5:46, explicó a los líderes religiosos que lo habían desafiado, que el Antiguo Testamento hablaba de él: «Porque si creyeseis a Moisés, me creeríais a mí, porque de mí escribió él».

Y es que si realmente Jesús fue la encarnación del ángel del Señor, como asegura el evangelista y como acabamos de demostrar, sus acciones han debido de acompañar a la humanidad desde el principio de los tiempos con el objetivo de guiarnos hacia una espiritualidad más completa.

Desde el inicio mismo del libro del Génesis hallamos un empeño desmedido de Dios para conducirnos hacia el camino de retorno, aunque eso suponga el final del juego de la creación y el regreso a su absoluta soledad.

Cuando Dios creó al primer hombre y a la primera mujer, los puso a cargo del jardín que él mismo había ideado, en cuyo núcleo se alzaba el árbol de la dualidad. Y aunque ambos estaban desnudos, no se avergonzaban cuando se cruzaban con Dios mientras paseaban por el huerto. Fue de aquel árbol del que Dios les advirtió que no comieran. Sin embargo, Adán y Eva se olvidaron de Dios, y con el olvido apareció el recelo, y con el recelo la desconfianza, y con la desconfianza creció el desprecio…, por lo que en sus corazones ya habían probado del fruto del árbol antes de darle siquiera un bocado. Dios, al percatarse de lo sucedido, los llamó, y he aquí que ellos salieron de su escondite sintiendo vergüenza debido a que estaban desnudos. Para vestirlos, el Brahmán sacrificó un animal y vistió al hombre y a la mujer con su piel para resguardarlos. Ese primer animal fue un cordero. El cordero de Dios.

Algo más adelante, Dios le ofrecerá otro cordero a Abraham para que lo sacrifique en lugar de su hijo Isaac. Siglos más tarde, Moisés ordenó marcar con la sangre de un cordero los dinteles y las puertas de los israelitas que estaban en Egipto para que el ángel de la muerte pasara de largo y no se los llevase consigo. Los cristianos, tras el sacrificio de Jesús, piensan que el hijo de María es el cordero que Dios utilizó para restituir el estatus de Adán y Eva, por lo cual aplican la sangre de este último cordero de Dios en sus corazones para que los salve de la muerte.

Y, si el cordero de Moisés supuso el principio de la liberación de la esclavitud en Egipto, Jesús supondrá la libertad individual de los cristianos para acercarse a Dios sin la necesidad de esconderse y sin temor a estar desnudos. «He ahí el Cordero de Dios que quita el pecado del mundo», Juan 1:29.

Desde nuestra separación, el olvido ha ido tejiendo una cota de malla en nuestros corazones, poniendo una venda en nuestros ojos y tapando nuestros oídos para que no sintamos, ni veamos, ni escuchemos la voz de Dios llamándonos desde el jardín del Edén. Cada vez que la luz ha encarnado, se ha encontrado con una fuerte oposición por parte del ser humano, el cual sigue emponzoñado por el fruto del árbol de la separación. Para resquebrajar esa armadura oxidada, la luz se ha sacrificado innumerables veces, pues la única manera de derrotar a la violencia, al temor y a la ignorancia, es con mansedumbre, valor y sabiduría. Así, al ver que Dios no puede morir, la humanidad quizás recuerde que la gota de Dios que mora en su interior también es imperecedera.

Y es que Dios es el tesoro solo de unos pocos, y solo unos pocos son el tesoro de Dios. Él se muestra abiertamente, pero solo los que le buscan de todo corazón, pueden encontrarlo. O mejor dicho, salir de sus escondites y dejar que Dios los encuentre.

Una antigua leyenda afirma que Jesús es como una extraña perla que cayó en las redes de un pescador. Cuando el pescador la vio, reconoció inmediatamente su belleza, pero como no sabía lo que valía, se la dio a sus hijos para que jugaran con ella. Estando en estas, pasó un mercader que reconoció que aquella podría ser una gema única y decidió comprarla a bajo precio. Luego se la llevó a un joyero y cuando el experto examinó la perla, miró al mercader sin creer lo que estaba viendo. Aquella era la gema que habían estado intentando encontrar todos los buscadores de tesoros. Era la joya más preciosa, ya que en realidad no era solamente una perla, era el mismísimo mar encerrado en una pequeña esfera. El joyero entonces vendió todo lo que tenía, compró esa esferita y jamás se deshizo de ella. Y aunque a veces le hablaba a la gente de una gema maravillosa, nadie le creía porque todos pensaban que era imposible que el mar pudiera caber en una perla.

Jesús preguntó a sus discípulos:

—*¿Quién dicen los hombres que es el Hijo del Hombre?*

Ellos dijeron:

—Unos, Juan el Bautista; otros, Elías; y otros, Jeremías o alguno de los profetas.

Pero Jesús les dijo:

—Y vosotros, ¿quién decís que soy yo?

Respondiendo Simón Pedro, dijo:

—Tú eres el Cristo, el Hijo del Dios viviente.

Entonces le respondió Jesús:

—Bienaventurado eres, Simón, hijo de Jonás, porque no te lo reveló carne ni sangre, sino mi Padre que está en los cielos.

Mateo 16:13-17.

La hora consagrada

«Estén alerta y oren para que no caigan en tentación, porque el espíritu está dispuesto, pero la carne es débil».
Mateo 26:41.

Tras la cena pascual en Jerusalén, Jesús sabe que va a ser apresado, por lo que condujo a sus apóstoles al huerto de Getsemaní y les pidió a Pedro, Santiago y Juan que rezasen junto a él. Sus palabras exactas fueron:

—Mi alma está muy triste, hasta la muerte. Quedaos aquí, y velad conmigo.

Entonces él, yéndose un poco más adelante, se postró sobre su rostro y dijo:

—Padre mío, si es posible, pase de mí esta copa. Pero no sea como yo quiero, sino como tú quieres.

El evangelista Lucas afirma que, tan intenso era su temor, que incluso llegó a sudar sangre. Uno de sus mejores amigos, el que antes formaba parte del grupo de los Doce, lo había traicionado, y el resto pronto saldría huyendo sin echar la vista atrás.

A duras penas el Nazareno consiguió ponerse en pie, se acercó a sus discípulos y los halló durmiendo.

—Pedro —susurró—, ¿no habéis podido velar conmigo una sola hora? ¡Despertad!

Otra vez fue y por segunda vez cayó de hinojos al suelo diciendo:

—Padre mío, si no puede pasar de mí esta copa sin que yo la beba, hágase tu voluntad.

Y vino de nuevo a sus amigos y volvió a encontrarlos durmiendo. Así que, dejándolos, se fue por tercera vez y oró repitiendo las mismas palabras que anteriormente.

Aunque se encomendó a Dios durante la última hora de su vida, Jesús se sintió totalmente desamparado. No solamente por su Padre, sino también por todos los que decían creerle y amarle.

Puede que nunca haya leído en la biblia un párrafo tan desgarrador como el del Hijo de Dios suplicando por la compañía de alguien en esos últimos instantes. Y sin embargo nadie lo hizo. Jesús se quedó solo y solo tendría que enfrentarse a su cruel destino.

Únicamente cuando las antorchas de los soldados anunciaron su presencia, Jesús regresó a sus discípulos y les dijo: -Levantaos, vamos, ved, se acerca el que me entrega.

Muchos creyentes a través de los tiempos y a lo largo de la historia han querido suplir lo que los apóstoles no supieron o no estuvieron preparados para hacer. Es decir, acompañar al Señor en sus momentos de mayor debilidad. Es por eso que existe una práctica espiritual que consiste en levantarse en la madrugada para regalarle una hora a Jesús. Una hora en la que rezamos junto a él y estamos junto a él, acompañándolo en su dolor. Durante sesenta minutos, lloramos con el Hijo de Dios y nos ponemos a su disposición, sin dejar que el sueño se entrometa, como sucedió con Pedro, Santiago y Juan. Así, abrazándolo con el corazón, le preguntamos: Señor, ¿qué quieres de mí?

En lo que dura esta inversión de papeles, somos nosotros quienes ayudamos a Dios, lo protegemos, lo guardamos e incluso cuidamos de él. Esa hora es como un símbolo. Un regalo por parte del discípulo atemporal de que jamás consentirá dejar abandonado a su maestro, invirtiéndose así los papeles, levantándonos para acompañarlo, para velar a su vera y ofrecerle nuestros brazos para que se sostenga.

Es importante destacar que en esta hora no hay ninguna súplica personal ni peticiones individuales. La Hora Santa es un regalo, una ofrenda. Así mismo, al ser ofrenda, ya no nos pertenece. Pertenece a quien se la hemos entregado.

Sé que es difícil de comprender que alguien como Jesús pueda necesitar algo de nosotros. No obstante, si estamos atentos y prestamos atención, podremos escuchar su voz a través de los océanos del tiempo, pidiéndonos que le abramos nuestro corazón. Lo único que tenemos que hacer es responder a su llamada en lugar de quedarnos dormidos. Y, aunque para muchos pueda parecer una herejía, lo cierto es que muchas personas han realizado esta práctica a lo largo de los siglos, incluyendo tal vez a los primeros cristianos, con Pablo a la cabeza.

Durante esa hora podemos repetir mantras, hablar con Dios y pedir bendiciones para Jesús. Podemos incluso mandarle todo nuestro cariño. Ya que el tiempo y el espacio son solo creaciones de la mente, la pasión de Jesús está sucediendo cada día, en cualquier lugar y en todo momento. Por tanto, con toda certeza, nuestra buena voluntad llegará hasta él y lo socorrerá cuando más lo necesite. Puede que así, en el futuro, cuando seamos nosotros quienes necesitemos asirnos de su mano, él esté ahí para ayudarnos.

«A eso de la medianoche, Pablo y Silas se pusieron a orar y a cantar himnos a Dios, y los otros presos los escuchaban».
Hechos 16:25.

Epílogo

«Habiendo ofrecido durante su vida mortal oraciones y súplicas con poderosos clamores y lágrimas a quien era poderoso y podía salvarlo de la muerte, fue escuchado por su reverencial temor. Y aunque era Hijo, aprendió por sus padecimientos la obediencia, y por ser consumado, pasó a ser para todos los que le obedecen causa de salud eterna, declarado por Dios pontífice de la orden de Melquisedec». Hebreos 5:7-9.

Tanto Krishna, como Buda, como Jesús vinieron a devolverle la vista a los ciegos, el oído a los sordos y a resucitar a los muertos. Lo que hay de divino en ellos es su humanidad, y lo único que tenemos que hacer para recuperar la salud es correr detrás de ellos y decirles: «Señor, si quieres, puedes curarme...», y ellos harán el resto. No importa cuántas veces nos hayamos perdido, ellos vendrán siempre por nosotros. Un pastor nunca abandona a sus ovejas y un padre siempre vela por sus hijos. Lo único que hace falta es que tengamos fe y busquemos el Reino de Dios, pues todo lo demás se nos dará por añadidura.

Una antigua leyenda afirma que, paseando por Mathura, Krishna se encontró con una mujer jorobada. El joven dios se dirigió a ella y le pidió un poco de los ungüentos que llevaba. Encantada por la presencia de Krishna, la mujer le dio una gran parte de sus ungüentos. Encantado por su bondad, Krishna la tomó de la barbilla y tiró de ella hacia arriba, enderezando su columna, devolviéndole la belleza perdida.

Cuenta una vieja leyenda cristiana que en cierta ocasión se encontraba un hombre paseando por el cielo. Como nadie sabía quién era, algunos ángeles se le acercaron y le preguntaron qué méritos había hecho para estar allí. El hombre, pensando detenidamente, contestó que ninguno. Él había sido un ladrón y se había pasado la vida robando a los demás. Sorprendidos, los ángeles le preguntaron si al menos había rezado mucho. A lo que el hombre volvió a negar con la cabeza y confesó que no recordaba haber rezado nada desde que era pequeño y sus padres lo llevaban a la sinagoga. Contrariados, los ángeles finalmente le preguntaron cómo había conseguido entrar en el paraíso; a lo que el hombre contestó que, mientras estaba en la cruz, pagando el precio de sus pecados, reconoció al Hijo de Dios junto a él y le dijo: «Jesús, cuando llegues a tu reino, acuérdate de mí». Entonces Jesús le contestó: «Te aseguro que hoy estarás conmigo en el paraíso…». Y fue como llegó allí, por haberse arrepentido de sus faltas y haber creído que Jesús era el Hijo de Dios.

Cristo trajo un mensaje de amor al prójimo y lo puso junto al mandamiento principal. Es decir, que para amar a Dios, también debíamos amar al prójimo. Parece que Jesús no podía concebir lo uno sin lo otro. Es por esto que, en ningún lugar de la tierra, me he encontrado una imagen de Dios tan bella, tan emocionante, tan sumamente conmovedora como la que sostiene el cristianismo. Por eso, y a pesar de haber bebido de todas las religiones, no puedo dejar de llamarme cristiano, aunque para mí, ser cristiano no tenga nada que ver con pertenecer a una iglesia, sino más bien con buscar a Dios con todo mi corazón, con toda mi voluntad y con todos mis recursos, conociendo que las huellas de Cristo son mi camino. Sé a ciencia cierta que, de la misma manera que yo busco a Dios, él me está buscando también a mí con la misma desesperación, y que es por mi ceguera por la que no puedo verlo; que es por mi sordera por la que no puedo oírlo. Y que es porque no hago sino dar vueltas constantemente alrededor de mi ego por lo que no puedo encontrar el camino de regreso a él.

Hace algunos años, conocí la obra del reverendo Henry Van Dyke, que en 1896 escribió un pequeño cuento llamado *The Other Wise Man*. En él nos narra la historia de Artabán, el cuarto Rey Mago. Van Dyke relata que los cuatro sabios quedaron en el zigurat de Borsippa para realizar la travesía hasta Israel juntos.

Artabán, todo orgulloso, se dirigió hacia el punto de encuentro con un diamante proveniente de la isla de Meroe, un trozo de jaspe de Chipre, y un fulgurante rubí de las Sirtes como triple ofrenda para el recién nacido. Pero su camino se complicó cuando se topó con un viejo moribundo. Golpeado y robado por bandidos, y abandonado a su suerte, el mago se apiadó de él y se detuvo para curar sus heridas. Cuando el anciano se recuperó, Artabán le regaló el diamante para que pudiera comer y continuó su camino; pero aquel retraso hizo que no llegara a tiempo a Borsippa y sus compañeros de viaje tuvieron que partir sin él.

Decidido, continuó en solitario hasta Belén. Tenía claro que su destino era llegar a besar los pies del Hijo de Dios que había nacido, y con esa determinación arribó a Judea. Sin embargo, no pudo encontrar al resto de sus compañeros, ni tampoco al niño. Lo que sí encontró fue una horda de soldados degollando a todos los recién nacidos de la ciudad. De repente, vio a un soldado que tenía a un niño en una mano y en la otra una espada. Estaba a punto de matarlo. Con todo, antes de que llevara a cabo tan terrible acción, Artabán le ofreció el rubí a cambio de la vida del pequeño, pero cuando se dispuso a realizar el intercambio, fue descubierto y apresado, por lo que Herodes lo condenó a prisión en Jerusalén.

Treinta años duró su cautiverio y en ese tiempo, a través de las rejas, el mago escuchaba las historias de alguien que ayudaba a los enfermos, que resucitaba a los muertos, y que prometía una vida llena de dicha y libertad. Cuando por fin fue liberado, vio cómo todos se dirigían al monte Gólgota, donde iban a crucificar a aquel que tanto amor había repartido entre sus semejantes. Convencido de que no podía ser otro que el niño que quiso adorar en Belén años atrás, él también se dirigió al monte. Pero en el camino se encontró a un padre subastando a su propia hija para poder pagar las deudas de juego que había contraído.

El mago, no conforme con la situación, utilizó la última ofrenda, el trozo de jaspe, para salvar a la pobre niña. Con la joya compró su libertad, y así, solo y sin nada, se encaminó al monte Calvario a cumplir su sueño. Cuando llegó ante aquel a quien llamaban el Mesías, lo encontró clavado en la cruz.

Artabán, compungido, se acercó, se puso a sus pies y, con lágrimas en los ojos, le dijo: «Mi señor, perdóname. He viajado desde muy lejos para mostrarte mis respetos y adoración, pero he sido incapaz de ser leal a ti. Ya no tengo nada que ofrecerte, salvo mi persona. Los problemas de este mundo me han desviado del que debía ser mi camino. No tengo nada que darte más que mi amor».

Entonces, desde arriba, desde la cruz, oyó una voz que le dijo: «Querido Artabán, tu sabiduría ha sido grande, pues tú has entendido mi mensaje mejor que nadie. No has adorado a dioses ni a reyes, sino que has dedicado tu vida a ayudar a tus hermanos. Soy yo quien te ofrece todo mi amor como pago a tus ofrendas, pues cuando estuve herido me curaste; cuando mi vida peligró, ofreciste la tuya; y cuando iba a ser vendido, tú me ofreciste todo lo que te quedaba».

Dicen que desde entonces vaga por el mundo un mago que, con paso firme y decidido, anda buscando a todos aquellos que lo necesiten, en nombre del Señor, porque al final entendió cuál era su destino: ayudar a los demás por encima de los embistes de este mundo. En el fondo de mi corazón, siempre me he visto como el cuarto rey mago que quiere ofrecer al niño su vida como regalo, lo que incluye este libro, esperando que sea de su agrado, reconociendo en él sus tres aspectos como rey, sacerdote y Mesías.

Recuerdo que uno de los maestros que encontré sentado en un rincón de la vida, me dijo: «Lo que das, es tuyo para siempre. Pero lo que te guardas, se pierde para siempre». De esa manera, haciendo caso a sus palabras, he decidido que lo que guardo en mi corazón, tengo que compartirlo contigo, amigo/a lector/a. Esta es mi ofrenda también para ti. Es mi ocasión de hacer lo que Artabán: darte mis tesoros, las partes de Dios que he venido reuniendo en mis viajes a través del mundo, y que ahora te susurro, de corazón a corazón, para quitarte la carga que llevas en tu alma y hacer que los espíritus sean libres de decidir por ellos mismos. De esta manera sirvo a mi Señor, y sirviendo a mi Señor, también sirvo a mis hermanos, cumpliendo así los dos grandes mandamientos que Jesús nos impuso.

También, llegando al final de este libro, pude comprender por qué Pedro declaró tres veces que no conocía a Jesús… y llevaba razón. Pedro no supo comprender la abisal profundidad del espíritu de Cristo, por eso no sabía quién era realmente su amigo. La única forma de conocer a Jesús es meterlo en el corazón; así podremos conocerlo como merece ser conocido. Será después de su resurrección que Pedro dará ese paso interior, y cuando se encuentre de nuevo con él, esta vez sí, declarará que le amaba más que al resto. La experiencia de Jesús —o de Dios— en el alma es el movimiento espiritual por el que la humanidad puede lavar sus pecados, no mediante el ritual católico del bautismo, sino con el bautismo del amor…, algo más que un mero lavamiento del cuerpo. Empero, como quien dibuja frases sobre la arena, y recordemos que Jesús estaba pintando con su dedo en el suelo antes de que le presentaran a la mujer adúltera, su mensaje de amor fue borrado con el paso del tiempo y sustituido por cadenas semejantes a las que él mismo intentó romper. Sin embargo, Cristo trajo una carta de amor de parte de Dios para ti. Una carta que dice así:

«Dios sabe cuándo te sientas y cuándo te levantas. Todos tus pensamientos y tus caminos le son conocidos», Salmo 139.

«Todos los cabellos de tu cabeza están contados», Mateo 10:29-31.

«Has sido hecho a su imagen y semejanza», Génesis 1:27.

«Vives, te mueves y eres de ascendencia divina», Hechos 17:28.

«Dios te conocía y te amaba antes de que fueras concebido», Jeremías 1:4-5.

«Te escogió cuando planeó la creación», Efesios 1:4.

«No fuiste un error, eres amado. Has sido creado de manera maravillosa. Te formó en el vientre de tu madre», Salmo 139.

«Es su deseo gastar su amor en ti, porque tú eres su hijo y Él es tu padre», 1.ª Juan 3:1.

«Cada dádiva que recibes, viene de sus manos», Santiago 1:17.

«El plan que tiene para tu futuro está lleno de esperanza», Jeremías 29:11.

«Dios te ama con amor eterno», Jeremías 31:3.

«Sus pensamientos sobre ti son incontables como la arena de la playa», Salmos 139.

«Te canta cuando duermes y vela tus sueños», Sofonías 3:17.

«Nunca dejará de hacerte bien», Jeremías 32:40.

«Tú eres su tesoro más precioso», Éxodo 19:5.

«Desea darte todo su corazón y toda su alma», Jeremías 32:41.

«Desea mostrarte cosas grandes y maravillosas», Jeremías 33:3.

«Si lo buscas con todo tu corazón, lo encontrarás», Deuteronomio 4:29.

«Deléitate en Él y te concederá las peticiones de tu corazón», Salmo 37:4.

«Dios es el Padre que te consuela», 2.ª Corintios 1:3-4.

«Cuando tu corazón se rompe, Dios te sostiene», Salmo 34:19.

«Como el buen pastor, te carga porque eres su corderito. Dios te lleva cerca de su corazón», Isaías 40:11.

«Un día enjugará cada lágrima de tus ojos y quitará todo el dolor que has sufrido», Apocalipsis 21:3-4.

«Dios es tu Padre y te ama como ama a su hijo Jesús», Juan 17:23.

«Dios no cuenta tus pecados», 2.ª Corintios 5:19.

«Hará cualquier cosa para ganarse tu amor», Romanos 8:32.

«Siempre ha sido tu Padre y siempre lo será, pero la pregunta es: ¿quieres tú ser su hijo?», Juan 1:12-13.

Al principio de esta obra nos preguntábamos, ¿dónde se encontraron Buda, Jesús y Krishna? Y creo que por fin podemos dar una respuesta certera: siempre han estado en nuestro corazón.

Cuando mi hijo tenía dos años, como es costumbre en nuestra localidad en vísperas de la Navidad, fuimos a visitar la casa de Santa Claus y el taller de los Reyes Magos. Más tarde montamos el belén en casa, adornamos el árbol y pusimos los calcetines sobre una chimenea improvisada hecha de papel y cartón. Ya que parece ser que todos los niños deben elegir a quién irá dirigida la carta con sus deseos, cuando estábamos escribiéndola, le pregunté:

—¿Quién es tu rey favorito?

Mi pequeño me miró extrañado, como si yo ya tuviera que saber la respuesta, y tras unos segundos me contestó:

—¡Jesús!

Su madre y yo nos echamos a reír y yo insistí:

—Lo que quiero saber es qué rey te gusta más: Melchor, Gaspar o Baltasar.

Mi hijo nos miró sorprendido y volvió a responder:

—El Niño Jesús es mi rey.

Entonces nos quedó claro que él no había entendido mal la pregunta, pero nosotros no estábamos preparados para escuchar su respuesta. Una respuesta tan profunda en un niño tan pequeño. Y sí, mi hijo llevaba razón, y yo también debo admitir hoy y siempre que Jesús es y será mi rey.